B. Hagelund

Regina Bestle-Körfer
Annemarie Stollenwerk

Frühlingsduft tanzt in der Luft

Mit Kindern die Jahreszeiten erleben

CHRISTOPHORUS

Inhalt

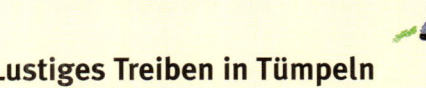
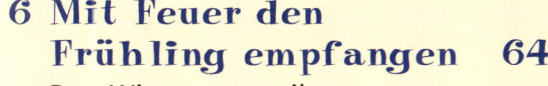

Der Frühling - ein Fest für die Sinne

Die Ruhe weicht der Aktivität

Nach langen dunklen Monaten mit grauen, kalten Tagen sehnen wir uns nach Wärme, Licht und Farbe. Und plötzlich erwacht die Natur zu neuem Leben. Wärmende Sonnenstrahlen kitzeln unsere Nase, locken die ersten Krokusse aus dem winterharten Boden, wecken zarte Blätter aus ihren Winterträumen. Eine Amsel singt ihr erstes Lied. Es ist Frühlingszeit. Alles was lebt, Menschen, Tiere und Pflanzen öffnen ihre Augen, um das Leben neu zu spüren. Unser Herz wird weit, unsere Sinne sind hellwach und wollen den Frühling in seiner Zartheit und lebendigen Kraft sehen, hören, riechen, schmecken und fühlen. Frühlingsduft strömt in unsere Nase, wir lauschen den Vögeln und können

uns nicht satt sehen am Grün, das aus den Blätterknospen und aus dem braunen Erdboden hervorbricht. Ruhe und Beschaulichkeit, die im Winter vorherrschen, weichen dem Aufbruch und der Lust an Aktivität und Bewegung.

Die vier Elemente im Frühling

Das harmonische Zusammenspiel der Elemente Erde, Wasser, Luft und Feuer bildet die Grundlage für alles Leben auf unserer Erde. Pflanzen, Tiere und Menschen brauchen das Licht und die Wärme des Sonnenfeuers. Sie brauchen das Wasser, das im ewigen Kreislauf das Leben auf Erden aufrecht erhält. Sie brauchen die saubere Luft, den Sauerstoff zum Atmen und einen fruchtbaren Erdboden, in dem Samen wachsen und Früchte reifen können. Die vier Elemente in ihrer Einzigartigkeit geben jeder Jahreszeit und so auch dem Frühling seine besondere Prägung und seinen besonderen Zauber.

Luft

Die Lust, frische Frühlingsluft zu schnuppern, lockt uns ins Freie. Genussvoll durchzuatmen, zu spüren, wie unsere Lungen weit werden und unser Körper neue Lebensenergie tankt, ist ein besonderes Lufterlebnis. Wir fühlen uns wie neugeboren. Wir atmen die Luft nicht nur ein, wir bewegen uns auch in ihr,

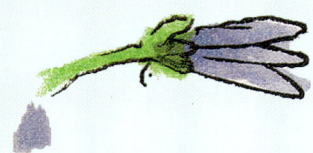

spüren den Wind im Gesicht und lassen uns von verschiedenartigen Düften einhüllen. Manchmal haben wir den Eindruck, als könnten wir mit der Frühlingsluft auch intensive Sinneseindrücke einatmen, die uns beleben und stärken: das leuchtende Blau des Himmels, den Regenbogen nach einem kräftigen Aprilschauer, die intensiven Farben der Blumen und Blüten.

Erde

Die Erde bietet uns im Frühling ein wunderbares, faszinierendes Schauspiel. Aus dem krümeligen, braunen Boden bricht in Wald und Feld, auf Wiesen und im Garten neues Leben hervor. Verborgen im Dunkel der Erde haben die Pflanzen den Winter über geruht. Aus der Tiefe bringen sie nun die Kräfte der Erde ans Licht. Frisches Grün breitet sich in Windeseile aus. Alles beginnt zu keimen, zu wachsen und zu sprießen. Die Erde bietet unseren Augen eine Fülle farbenfroher Blumen und Blüten, die im warmen Frühlingslicht leuchten und unsere Sinne verzaubern.

Wasser

Im Frühling symbolisiert das Element Wasser den Urquell des Lebens, aus dem sich Lebendiges entfaltet und wachsen kann. In die Tiefe des Urwassers fällt Licht und die Schöpfung beginnt. Im Frühling treffen wir in unserem Kulturkreis auf diese Symbolik besonders beim Osterwasser, das in der Osternacht geweiht wird und wie das christliche Taufwasser die Seele des Menschen mit den Wassern des Friedens und der Liebe reinwaschen soll. Auch in Märchen und Mythen finden wir die Suche nach dem Wasser des Lebens als Bild für die Suche der Menschen nach der Quelle des ewigen Lebens, des

ewigen Jung- und Schönseins. Den Frühling lieben die Menschen besonders, weil er wie ein Jungbrunnen auf die Gefühle und Stimmungen wirkt.

Feuer

Auch das Element Feuer findet im Frühling im Sonnenfeuer eine elementare Bedeutung für den Menschen. Die Sonne bringt das Licht auf die Erde. Das Licht steuert Wachstumsprozesse und aktiviert Hormone, die für die Fortpflanzung wichtig sind. Sonnenlicht kann auch Stimmungen im Körper positiv beeinflussen und das eigene Leben in neuem Licht aufleuchten lassen. Frühlingsfeuer sollen den Winter verbrennen und die Frühlingssonne begrüßen. Feuer ist ein uraltes Symbol für etwas Neues. So beginnt die Osternacht mit einem Osterfeuer als Zeichen für den Anfang eines neu geschenkten Lebens.

Hinaus in den Frühling

Draußen spielt er sich ab, der Frühling, dort können Kinder toben, springen, entdecken, forschen und ihre Neugier und Abenteuerlust befriedigen. Dort können sie die Elemente Luft, Erde, Wasser, Feuer unmittelbar erleben und sinnliche Erfahrungen aus erster Hand sammeln. Der Frühling selbst ist wie ein Kind, neugierig und lebendig, voller Tatendrang und Energie. Wir möchten die Kinder und Sie in diesem Buch nach draußen locken und alle ermuntern, so viel frische Frühlingsluft wie möglich zu schnuppern, das Geheimnis des Wachsens in der Erde mit den Händen zu begreifen, erfrischendes Frühlingswasser auf die jungen Saaten zu gießen und die Wärme des neu erwachten Sonnenfeuers zu genießen. Erleben wir die Natur und ihre Elemente mit allen Sinnen, denn Frühlingsduft tanzt in der Luft.

2 Die Natur erwacht

Erkundungen unter freiem Himmel

Die ersten wärmenden Sonnenstrahlen kitzeln und locken so manches Getier aus verschlafenen Winterhöhlen und warmen Behausungen. Die ersten Mücken und Fliegen torkeln durch die Luft, Spinnen und Käfer, aber auch Eichhörnchen und Mäuse huschen da und dort umher. Die ersten Blumen verraten uns mit ihren farbigen Blütenköpfen, dass auch die Erde aus der langen Winterruhe aufgewacht ist und sich neues Leben in ihr regt. Die buttergelben Blumensterne der Winterlinge und die weißen Schneeglöckchen gewinnen jedes Frühlingswettrennen. Sie blühen in milden Wintern auch schon im Januar. Anfangs nur vereinzelt und recht unspektakulär recken Krokusse, Huflattich, Leberblümchen und Veilchen ihre Köpfe aus dem noch blass-bräunlichen Wiesenboden. Die Frühlingsfee hat alle Zauberhände voll zu tun, unsere Erde aus dem farblosen Wintergrau in ein blühendes Frühlingsland zu verzaubern. Doch ihr Wirken zeigt bald eine deutliche Veränderung. Eine bunte Pracht aus kleinen Frühlingsblüten breitet sich aus und ein frisches, helles Grün legt sich über Wälder und Wiesen.

Ein Frühlingsspaziergang

Ein Spaziergang in den ersten Frühlingstagen ist ein wahrer Such-Spaziergang. Wir suchen und entdecken, was noch im Verborgenen wächst. Gehen Sie mit den Kindern in einen Park oder Wald. Die Laubbäume haben noch nicht ausgetrieben und der Boden ist noch mit trockenem Laub aus dem Vorjahr, mit Fichtennadeln, Rindenstücken, Ästen und Zweigen bedeckt. Jetzt können wir den Frühling wirklich suchen, weil er sich, versteckt im Unterholz, schon bereit macht. Dazu müssen wir uns zur Erde hinabbücken, die trockenen Blätter und das morsche Gehölz mit der Hand ein wenig zur Seite rücken, um die ersten neugierigen Keime und Triebe aus dem feuchten Erdboden sprießen zu sehen. Wer entdeckt einen jungen, grünen Trieb, der sich mitten durch ein altes braunes Blatt oder durch ein morsches Stück Rinde seinen Weg ans Licht gebohrt hat?

Stark wie ein Baum

Die Kinder können bei diesem Spiel die Kraft des noch jungen Triebes, der einmal ein großer, starker Baum werden möchte, nachempfinden. Dazu hocken sich mehrere Kinder mit gebeugtem Rücken auf den Boden. Über ihnen wird eine alte dünne Tapetenbahn ausgerollt. Die Kinder versuchen, sie mit den Händen oder mit dem Kopf zu durchstoßen, indem sie sich strecken und in den Himmel wachsen.

Bellinde, die Frühlingsfee

Unter einer knorrig alten Linde
schläft tief und fest die Fee Bellinde.
Sie schlummert unterm Efeudach
wiegt sich sanft und wird nicht wach.

Ein frischer Wind weht durch die Lüfte,
Bellinde schnuppert süße Düfte.
Sie träumt von Sonne und Veilchenduft
und hört nicht wie die Amsel ruft:

„Bellinde, Bellinde, wach auf, piep, piep.
Es ist schon Märzenzeit,
du hast verschlafen, mach dich bereit!"

Wer weckt die Erdengeister auf?
Wann nimmt der Frühling seinen Lauf?
Bellinde, Bellinde – Frühlingsfee!
Wir warten auf Krokus und grünen Klee.

Der Himmel ist in Blau getaucht,
die Luft ist klar, der Winter verraucht.
Die Sonne schickt das Sonnenlicht,
in Wald und Feld, in Bellindes Gesicht.

„Ach, was kitzelt mich da an der Nase?
War das vielleicht der Osterhase?"
Unter einer knorrig alten Linde
ist endlich erwacht: Bellinde!
Regina Bestle-Körfer

Eine Naturskulptur

Wir sammeln im Wald trockenes Geäst, abgebrochene Zweige, vertrocknete Gräser und Halme, Hölzer, nicht verrottete Bucheckern, Eichelhütchen, Blätterrippen, Zapfen, Blüten usw. Aus diesen Naturmaterialien bauen wir die Frühlingsfee Bellinde. Bellinde bekommt einen Körper aus trockenen Gräsern und Halmen. Der Kopf wird abgebunden und das Gesicht gestalten wir mit Blütenköpfen von Gänseblümchen oder Löwenzahn, die wir auf einer Lichtung oder am Waldrand gefunden haben.
Auch dünnes Geäst von Nadelbäumen können wir zusammen mit Blättern, Blüten und anderen Materialien zu filigranen Feenfiguren arrangieren.

Frühlingsfee und Frühlingszauberer

Wir verkleiden uns als Feen und Zauberer. Unsere Hände sind Zauberhände. Auf den Fingerspitzen sitzen Sternenfunken, mit denen wir alles verzaubern können.
Dazu malen wir den Kindern kleine gelbe Sternenfunken auf die Fingerspitzen. Jetzt können wir mit Hilfe unserer Fantasie draußen alles so verzaubern, wie es uns als Frühlingsfeen und dem Frühlingszauberer gefällt. Alles, was wir verwandeln und aus dem Winterschlaf wecken möchten, berühren wir mit unseren Zaubersternenfunkenfingern.
Wir berühren die braune Erde, alle Bäume und Sträucher, die wieder grün werden sollen.
Auch auf den Wiesen sollen wieder Gänseblümchen und Löwenzahn wachsen. Wir recken uns dem Himmel entgegen, verzaubern ihn, damit er frühlingshaft blau wird, wir zaubern eine leuchtende Sonne usw.

Vom Aufwecken und Gewecktwerden

Bewegungsspiele

Frühlingslied

Text: Annemarie Stollenwerk
Melodie: Thomas Pauschert

F	F		B	F	C	Dm	C	Dm		Gm	F

1. Mit lei - sen zar - ten Hän - den ist plötz - lich ü - ber
2. Er woll - te nicht mehr lie - gen ganz ru - hig und ver -
3. Jetzt hüpft er duch den Gar - ten und zau - bert hier und

C	C	F	Gm	F	C	Gm	C	F

Nacht der Früh - ling hier im Gar - ten aus sei - nem Schlaf er - wacht.
steckt. Ein Vo - gel ist ge - kom - men, sein Lied hat ihn ge - weckt.
da, mit bun - ten fri - schen Far - ben, wo's grau und dun - kel war.

Die Sonne weckt die Tiere auf

Aufwachen, wach werden – das erleben wir jeden Morgen nach einer erholsamen Nacht. Ein kleiner Lichtstrahl öffnet behutsam unsere verschlafenen Augen. Sich recken und ausstrecken, die noch steifen Beine und Arme werden langsam an Bewegung und Aktivität gewöhnt. Ein herzhaftes Gähnen, viel frische Luft soll unsere Lungen, unseren Körper und Geist beleben. So sanft geweckt, ist jedes Aufwachen eine Entspannung für Körper und Geist. Wir spielen ein ruhiges Körperspiel, bei dem sich die Kinder in verschiedene Tiere versetzen, die die wärmenden Strahlen der Frühlingssonne genießen und aktiv werden oder gerade von der Sonne aus ihrem Winterschlaf geweckt werden. Die folgenden Aufwachspiele sind gymnastische Übungen, die die Feinkoordination von Muskeln und Gelenken schulen und der allgemeinen Entspannung dienen. Langsame Bewegungen erhöhen die Konzentration und Aufmerksamkeit für den eigenen Körper.

Jedes Kind hat eine Decke oder Turnmatte als Unterlage und genügend Platz um sich herum. Während der Übungen wird ruhig und gleichmäßig weitergeatmet. Die Kinder sollen den Atem nicht anhalten oder pressen.

8

Marienkäfer

Ein kleiner Marienkäfer schläft unter einem Blatt. Die Sonne kitzelt seinen roten Rücken. Er wird wach und fällt mit dem Rücken auf die Erde. Auf dem Rücken liegend strampelt er sich richtig wach. Die Kinder hocken mit gebeugtem Rücken auf ihrer Matte und warten, bis sie mit einer Feder am Rücken gekitzelt werden. Dann rollen sie sich auf den Rücken und strampeln mit Armen und Beinen wie ein Käfer.

Schmetterling

Ein Schmetterling schläft noch in einer Baumhöhle. Die Sonne kitzelt seine Fühler. Er breitet seine bunten Flügel aus und probiert, ob er das Fliegen noch nicht verlernt hat.
Die Kinder sitzen auf der Matte, umspannen ihre Knie mit den Armen und schlafen. Der Rücken ist rund. Sie warten, bis sie gekitzelt werden, heben den Kopf und öffnen die Augen. Die Beine werden losgelassen, die Fußsohlen berühren einander und die Knie klappen nach außen. Die Hände umfassen die Füße und nun wippen die Beine langsam auf und ab wie die Flügel eines Schmetterlings. Die Kinder sitzen jetzt gerade.

Heuschrecke

Die Heuschrecke schläft in einer Wurzelhöhle am Fuße eines Baumes. Sie hat ihre 6 Beine ausgestreckt und wird von einem Sonnenstrahl am Rücken gewärmt. Sie hebt ihre Beine einzeln an und versucht, ob sie die Hinterbeine an den Flügeln reiben kann, bis das Zirpen zu hören ist.
Die Kinder liegen auf dem Bauch mit ausgestreckten Beinen. Die Arme liegen seitlich neben dem Körper und helfen beim Abstützen. Nun wird abwechselnd

das rechte und das linke Bein ein wenig vom Boden abgehoben. Vielleicht gelingt es den Kindern auch, beide Beine gleichzeitig ein Stückchen anzuheben, zu grätschen und wieder zusammenzubringen.

Katze

Die Katze liegt eingekuschelt am warmen Ofen und schläft. Die Sonne scheint durchs Fenster und weckt die Katze auf.
Die Kinder hocken auf ihren Matten. Erst ruht der Oberkörper auf den Knien, dann gehen wir in den Vierfüßlerstand. Die Kinder machen einen Katzenbuckel und strecken dann abwechselnd mal das rechte, mal das linke Bein in die Luft, weit weg vom Körper.
Wer kann gleichzeitig das rechte Bein und den linken Arm ausstrecken, und umgekehrt?

Ente

Die Ente steht und schläft schon mal auf einem Bein. Die Sonne weckt die Ente. Sie breitet ihre Flügel aus und flattert zum Dorfteich um sich ein Entenmännchen zu suchen, damit sie bald viele kleine Küken ausbrüten kann.
Die Kinder stellen sich auf ihre Matten und versuchen, auf einem Bein zu stehen. Wer kann die Augen dabei schließen? Dann breiten sie die Arme aus und flattern durch den Raum.

Durch Wald und Flur

Frühling lässt sein blaues Band ...

Mit bunten Bändern oder Seilen laufen, hüpfen, tanzen und springen wir im erwachenden Frühlingswald oder auf einer Frühlingswiese herum. Wir lassen die Bänder durch die Lüfte flattern, wir lassen sie Kreise drehen und Schlangenlinien beschreiben. Dann legen wir ein Band oder Seil auf den Waldboden oder auf die Wiese. Hintereinander, mit etwas Abstand, laufen oder krabbeln wir an diesem Band entlang und schauen, was wir an Frühlingszeichen auf dem Boden entdecken können: kleine Blumen, frische Triebe, die aus dem Boden drängen, Spuren von Tieren, die aus dem Winterschlaf erwacht sind ... Am Ende des Bandes angelangt, erzählen wir uns gegenseitig, was wir alles entdeckt haben.

Verkehrte Welt

Kinder loten mit allen Sinnen die Welt aus. Sie setzen den ganzen Körper zur Sinneserfahrung ein und haben Spaß daran, die Welt einmal auf den Kopf zu stellen. Sie schaukeln kopfunter oder hängen mit den Kniekehlen an einer Stange oder einem Ast und genießen dabei diese andere Form der Selbst- und Welterfahrung.

Wir suchen uns eine Frühlingswiese mit einem kleinen Abhang oder Hügel für folgende Sinnes-Spiele:

- Wir versuchen, hangaufwärts einen Purzelbaum zu schlagen. Das ist gar nicht so einfach, weil am Hügel unsere Beine immer nach unten klappen wollen. Wer schafft es trotzdem?
- Wir bleiben am Hang liegen und spüren der Neigung des Hügels nach. Wie fühlt sich das an und was sehen unsere Augen, wenn wir so kopfunter liegen?
- Wir stellen uns hin, grätschen die Beine, beugen uns vornüber und schauen kopfunter durch unsere Beine. Was spüren wir? Ein wenig Schwindel vielleicht? Wie sieht die Welt auf dem Kopf aus? Können wir Einzelheiten auf der Wiese erkennen? Wie sehen die Gesichter der anderen Kinder aus, wenn sie auf dem Kopf stehen?
- Wir versuchen, kopfunter einige Schritte zu machen. Gelingt uns das? Vielleicht können wir uns zu Beginn gegenseitig ein wenig stützen, bis wir den Bogen für den Bewegungsablauf heraus haben.

Zum Abschluss kullern wir um die eigene Körperachse die Wiese bzw. den Abhang hinunter. Unten angekommen, bleiben wir eine Weile zum Entspannen liegen und stehen dann wieder auf. Ist die Welt nun wieder im Lot?

Mit Energie in den Frühling

Im Frühling ist die Bewegungslust und der Drang, draußen zu sein, bei Kindern besonders groß. Sie wollen endlich wieder hinaus in den Garten, in den Wald oder Park und die Welt in neuen Bewegungsabenteuern erleben und erforschen. Sie wollen sich austoben und ihre Kräfte erproben, höher klettern, weiter springen, höher schaukeln, schneller laufen als im vorigen Jahr und sich neuen Geschicklichkeitsaufgaben mit Springseil, Reifen, Ball, Roller, Fahrrad usw. stellen. Die Bewegungsentwicklung von Kindern verläuft in unterschiedlichen Phasen. Sie basiert aber immer auf dem Versuch der Kinder, sich mit ihrer Umwelt aktiv auseinander zu setzen und Zutrauen zu sich selbst zu gewinnen. Bewegungssicherheit stärkt immer auch die Selbstsicherheit von Kindern. Regelmäßige Bewegungsanreize trainieren die körperliche und organische Belastungsfähigkeit und tragen zur Gesunderhaltung der Kinder bei.

Das Seil der Wahrheit

Auf einer schönen Wiese suchen wir uns einen geeigneten Platz zum Seilspringen. Beim Springen mit einem großen Seil stellen wir dem Springer lustige oder ernste Fragen, z. B.: Wie viele Stunden brauchst du zum Mittagessen? Wie viele Jahre alt wird deine Oma im nächsten Monat? Wie viele Sommersprossen bekommst du auf deiner Nase? Wie viele Erdbeeren kannst du auf einmal essen?

Wie viele Eier wird die Amsel in ihr Nest legen? Der Springer hüpft, und alle anderen zählen so lange, bis das Seil hängen bleibt. Dann ist ein neuer Springer an der Reihe.

Sachensucher

In einem zuvor mit Schnur abgegrenzten Bereich im Wald oder auf einer Wiese werden Gegenstände versteckt, die eigentlich dort nicht hingehören, beispielsweise Gegenstände aus der Küche, Spielzeug, Gemüse oder Früchte. Wir bilden zwei Mannschaften mit je fünf Kindern und einem Detektiv. Jede Mannschaft überlegt sich ein Wort oder einen Laut, mit dem sie sich gut verständigen kann. Auf ein Zeichen hin gehen beide Mannschaften los und suchen nach den Gegenständen. Jeder, der einen Gegenstand findet, ruft mit dem vereinbarten Laut den Detektiv herbei und bleibt so lange bei dem Fundstück stehen, bis der Detektiv erscheint und den Gegenstand aufsammelt. Welche Mannschaft hat die aufmerksamsten Sachensucher?

Spitz die Ohren

Für dieses Orientierungsspiel bilden wir Zweiergruppen und verteilen uns ein wenig auf der Wiese oder im Wald. Ein Partner übernimmt das Führen, der andere muss ganz intensiv seine Ohren spitzen und mit geschlossenen oder verbundenen Augen den Signalen seines Partners folgen. Dazu geht der sehende neben dem blinden Mitspieler her und schlägt zwei Steine rhythmisch gegeneinander. Der Blinde versucht dem Signal zu folgen. Ist ein Hindernis im Weg, wird der blinde Partner von seinem Führer durch schnelles Aneinanderschlagen der Steine gewarnt. Nach einer Weile tauschen die Partner ihre Rollen.

11

3 Es liegt was in der Luft

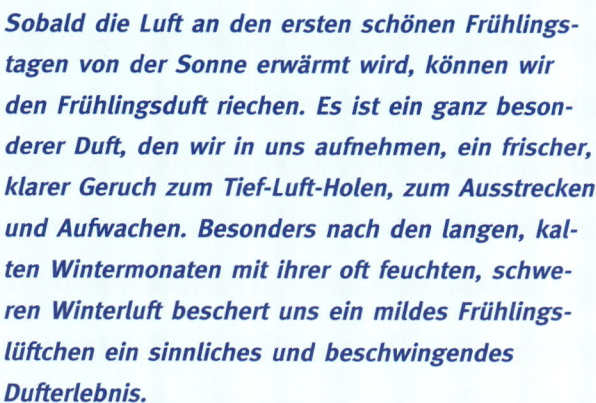

Einladung zur Schnupperparty

Sobald die Luft an den ersten schönen Frühlingstagen von der Sonne erwärmt wird, können wir den Frühlingsduft riechen. Es ist ein ganz besonderer Duft, den wir in uns aufnehmen, ein frischer, klarer Geruch zum Tief-Luft-Holen, zum Ausstrecken und Aufwachen. Besonders nach den langen, kalten Wintermonaten mit ihrer oft feuchten, schweren Winterluft beschert uns ein mildes Frühlingslüftchen ein sinnliches und beschwingendes Dufterlebnis.

Wir können auch mit kleinen Papiertüten nach draußen gehen, sie im Laufen mit Luft auffüllen und verschließen.

Oder wir laufen mit wehenden Tüchern durch die Frühlingsluft und schnuppern nachher drinnen an dem Stoff. Können wir die frische Frühlingsluft in unseren Tüchern riechen?

Frühlingsluft einfangen

Wir gehen mit den Kindern nach draußen und versuchen, die Frühlingsluft zu erschnuppern und einzufangen.

Wir strecken die Nase in die Höhe und schnuppern ausgiebig.

Dann wird mit den Händen die Frühlingsluft eingefangen. Mit beiden Händen bilden wir eine Höhle, in die wir die Nase stecken. Wie riecht die eingefangene Frühlingsluft?

Kinderparfüm

Ein selbst gemachtes Kinderparfüm begleitet uns durch die Frühlingszeit: Zwei Hände voll Blütenblätter von Pfingstrose, Magnolie, Veilchen oder Rose vermischen wir mit einer Tasse Sonnenblumenöl. Das geht am besten in einem Marmeladenglas mit Deckel, das wir kräftig schütteln. Wir stellen die Mischung an einen warmen Platz und schütteln sie immer wieder auf. Nach 3 bis 4 Tagen seihen wir das Blütenöl durch einen Kaffeefilter ab

und füllen es in kleine Schraubfläschchen und bewahren es lichtgeschützt an einem kühlen Ort auf. Wir erfinden einen blumigen Namen für unser Blütenparfüm: Vielleicht Rosalia, Veilinchen oder Wiesenglück?

Frühlings-Riechdöschen

Wir sammeln mit den Kindern kleine Frühlingsboten in der Natur: frische Grashalme, ein Blatt von einem Strauch oder Baum, ein Gänseblümchen, eine Löwenzahnblüte, Frühjahrserde, Blütenblätter, Kräuter usw. Wir stecken immer ein kleines Teil in ein leeres Filmdöschen und verschließen es. Dann schnuppern wir mit geschlossenen Augen an einem Döschen nach dem anderen und raten, was sich darin befindet.

Dazu erfinden wir lustige und phantasievolle Riechwörter, die uns beim Schnuppern gerade in den Sinn kommen. Die eine Dose riecht vielleicht grünmonsterig, raupig oder bissig oder sie duftet wie ein Müffeltier, wie Honigschaum usw.

Schmetterling, du kleines Ding

Es gibt Schmetterlinge, die besitzen die besondere Fähigkeit, Lockstoffe, die von den Weibchen produziert werden, über Kilometer Entfernung hinweg mit ihren Geruchsantennen wahrzunehmen. So findet das Schmetterlingsmännchen ein Schmetterlingsweibchen.

Wir spielen mit den Kindern ein Spürnasenspiel, bei dem sich die Kinder mit Hilfe eines Geruchs zusammenfinden und ein Schmetterlingspärchen werden. Dafür bekommen alle Kinder Wattepads an den Pullover geheftet, die mit Parfüm besprüht sind. Immer zwei Kinder bekommen dabei das gleiche Parfüm, ohne das zu wissen. Jetzt kann unser Spürnasenspiel beginnen. Zu einer schönen Musik tanzen die Schmetterlingskinder, am besten im Freien, herum und schnuppern an den Pullovern der anderen Kinder, bis sie den gleichen Geruch wahrnehmen. Wenn sich ein Schmetterlingspärchen gefunden hat, werden die Wattepads entfernt, damit sich die Nasen der Kinder wieder erholen können. Dieses Spiel sollte mit größeren Kindern gespielt werden und es sollten nicht mehr als ca. 5 verschiedene Parfüms im Spiel sein.

Vom Riechen

Der Geruchssinn ist beim Menschen schon von Geburt an gut entwickelt. Neugeborene können ihre Mutter bereits am Geruch erkennen. Gerüche werden von der Nase mit ihren Riechzellen, die besondere Sinneshärchen aufweisen, aufgenommen. Geruchseindrücke haben eine hohe Erinnerungswirkung, und so können noch nach langen Jahren Gerüche wiedererkannt werden. Mit Geruchserinnerungen sind Erlebnisse aus der Kindheit verbunden, die sich tief in unser Gedächtnis eingeprägt haben. So erinnern wir Kellergerüche oder den Geruch von frisch gebackenem Brot.

Gerüche wecken Gefühle, und so ist es nicht verwunderlich, dass Riech- und Duftstoffe in den meisten Kulturen eine wichtige Rolle spielen. Gewürzen, Heilkräutern und Düften aus Pflanzenextrakten werden wegen ihrer Duftstoffe und Essenzen, die meist aus den ätherischen Ölen gewonnen werden, belebende, beruhigende und heilende Wirkungen zugeschrieben.

Federleichter Blütenschnee

Spiele und Kreatives mit Blütenblättern

Blütenentdeckungsreise

Jedes Jahr aufs Neue überrascht uns der Frühling mit einer kaum zu beschreibenden Pracht an Blumen und Blüten. Wir gehen hinaus und suchen nach den verschiedenen Farben: Rosa und weiß sind die Magnolien mit ihren großen Blütenblättern, gelb die Osterglocken, blau Hyazinthen und Vergissmeinnicht, weiß und rosa die Blüten unserer Obstbäume, die Mandelbäumchen und Zierkirschen sind übersät von rosa- und pinkfarbenen Blüten und bei den Tulpen entdecken wir die verschiedensten Farben.

Blütentanz

Wir beobachten den Tanz der Blütenblätter unter Obstbäumen und Ziersträuchern. Im lauen Frühlingswind drehen sie sich im Kreis, werden auf und nieder geweht oder Wege und Straßen entlang

gepustet. Wenn der Wind nicht weht, lassen wir die Blüten tanzen. Wir legen eine Handvoll Blütenblätter auf den Boden, wedeln mit einem Tuch Luft zwischen die Blüten, bis sie aufwirbeln und zu tanzen beginnen. Das geht am besten auf einem glatten Untergrund (Bürgersteig, Hof etc.). Schaffen wir es, die Blütenblätter in eine bestimmte Richtung zu wedeln?

Blütenspuren auf Asphalt

Auf dem grauen Asphalt hinterlassen wir mit bunten Blütenblättern Spuren und Figuren. Dazu sammeln wir Blütenblätter von Blumen aus dem Garten oder Blüten von Obst- und Zierbäumen. Aus den Blütenblättern legen wir Blumen, Herzen, Buchstaben, Symbole, Spiralen und Kreise. Das Gestalten mit den bunten Blütenblättern ist nichts für die Ewigkeit, aber wenn wir mit einer Blumenspritze Wasser über den Blüten verteilen, können wir unsere Kunstwerke eine Zeitlang fixieren.

Bilder aus Blüten und Steinen

Dicke Kieselsteine, die wir gemeinsam gesammelt haben, waschen wir in einer Schüssel und wälzen sie noch nass in buntem Blütenschnee. Die Blütenblätter bleiben an der feuchten Oberfläche kleben und hüllen den ganzen Stein ein. Sind die panierten Steine getrocknet, legen wir mit ihnen Muster auf die Wiese oder auf den Hof. Das können Linien,

Kreise, Spiralen, aber auch die Umrisse von Tieren, Pflanzen oder Figuren sein.

Wir können auch kleine Kieselsteine nehmen und damit verschiedene Formen, Tier-, Pflanzen- oder Menschenkonturen auf Wiese oder Asphalt legen und die Flächen mit den bunten Blütenblättern auslegen. Die beiden gegensätzlichen Materialien bilden einen eigentümlichen Kontrast.

Stilleübung mit Blütenmasken

Wir versammeln uns an einem ruhigen Plätzchen draußen oder drinnen. Jedes Kind sucht sich einen Partner für eine Stilleübung. Körbchen mit verschiedenen Blütenblättern, eine kleine Dose Creme oder Vaseline und kleine Handspiegel stehen bereit. Leise ertönt entspannende Musik. Ein Kind legt sich bequem auf den Rücken, eventuell ein kleines Kissen unter den Kopf, und schließt die Augen. Sein Partner nimmt etwas Creme auf den Finger und streicht damit ganz sanft um die Kontur des Gesichtes herum, dann setzt er zwei sanfte Striche auf die Wangen und einen kleinen Punkt Creme auf die Nasenspitze. Auf diese Cremespuren werden nun die Blütenblätter aufgelegt, vorsichtig und behutsam und mit ausreichend Ruhe bei der Farbwahl und Gestaltung der Blütenmasken. Ist die Blütenkomposition fertig, bekommt das liegende Kind einen Spiegel in die Hand. Dann erst öffnet es die Augen, betrachtet sein Spiegelbild und steht langsam auf. Dann werden die Rollen getauscht. Am Ende der Stilleübung sprechen wir gemeinsam über das Erlebte, über das Gefühl von Creme und Blütenblättern auf unserer Haut, über das Berühren und Berührtwerden.

Hauchzarte Blütenbriefe

Aus Butterbrot-, Transparent- oder Architektenpapier falten wir Briefumschläge in unterschiedlichen Größen. In diese Umschläge füllen wir einfarbige oder bunte Blütenblätter und kleben sie zu. Wer andere Frühlingsschätze gefunden hat, z. B. eine Flaumfeder oder ein weiches Stück Moos, kann diese auch mit in die Briefe stecken. Die Briefumschläge werden an einer Ecke gelocht, mit einem schönen, bunten Band versehen, an einem luftigen Plätzchen draußen oder drinnen aufgehängt. Wir können die Blütenbriefe auch mit etwas Aromaöl beduften und an liebe Menschen verschenken.

Blütenketten

Die festen Blütenblätter von abgeblühten Tulpen und Magnolien fädeln wir abwechselnd mit kleinen Schmuckperlen auf lange Nylonfäden. Es entstehen federleichte Ketten, die draußen an einem Geländer oder an einem schon verblühten Baum befestigt sanft in der Frühlingsluft schaukeln. Mit Hilfe von Basteldraht können wir diese Blütenblätter auch zu einem Blütenkranz zusammenbinden und als Schmuck verwenden.

Blütenmalerei

Frühlingsblauer Ton- oder Fotokarton wird auf dem Boden oder einem Tisch ausgebreitet. Mit Kleister malen wir Spuren auf das Papier und bestreuen dann die Klebestellen mit kunterbuntem Blütenschnee. Wir lassen ihn durch unsere Finger auf das Blatt rieseln. Eine andere Möglichkeit ist, dickeres weißes Papier mit dickflüssiger Farbe zu bestreichen oder zu betupfen und in die noch feuchte Farbe mit Blütenblättern Akzente zu setzen.

Achtung, Landebahn!

Worauf Insekten fliegen

Vom Nektarsammeln und Blütenbestäuben

Wenn in Wald und Feld, in Gärten und Parks die ersten Blumen und Bäume ihre Blüten öffnen, beginnt für Insekten wie Hummeln, Bienen und Schmetterlinge eine arbeitsreiche Zeit. Durch die Farben der Blüten oder den Duft des Nektars angelockt, sammeln sie unermüdlich Blütenstaub, auch Pollen genannt, und Nektar und tragen den Blütenstaub zu anderen Pflanzen. Rund 80% aller Blühpflanzen sind bei uns auf die Bestäubung durch Insekten angewiesen. Der Nektar ist bei vielen Blumen so in der Blüte verborgen, dass Bienen oder Hummeln in die Blüten hineinkriechen müssen und dabei an die Staubgefäße stoßen, deren Blütenstaub an ihrem pelzigen Körper hängenbleibt. Diesen streifen sie an den Hinterleib, wo wir ihn als klumpige Höschen sehen können. Beim Besuch der nächsten Blüte bleibt ein Teil des Blütenstaubes am Stempel der Pflanze hängen und befruchtet sie. Dieses perfekte Zusammenspiel zwischen Blüten und Insekten gehört zu den faszinierendsten Wundern der Natur.

Ein Summen und Brummen

Wir setzen uns gemütlich auf eine Blumenwiese oder in einen Garten und schauen zu, wie Schmetterlinge mit leichtem Flügelschlag durch die Luft schweben und Hummeln und Bienen umherschwirren. Wir beobachten, wie sie auf den Blüten der Blumen landen und nach wenigen Augenblicken wieder abfliegen. Wir sehen genauer hin. Was machen sie dort? Hören wir Geräusche? Können wir sehen, wie die Bienen und Hummeln die Staubgefäße im Inneren der Blumen berühren?

Blütentankstellen

Eine Frühlingswiese und ein blühender Garten ist für die Insekten wie eine riesige Tankstelle. Hier können sie ausgiebig Nektar sammeln, den sie zum Leben brauchen. Die meisten Blumen können von allen Seiten angeflogen werden. Es gibt aber auch Blüten, die an ihrem Landeplatz eine richtige Landebahn haben. Dort können Bienen und Hummeln besonders gut landen, ehe es in die Blüte zum Tanken geht. Der Wiesensalbei ist eine solche Pflanze. Am Eingang stoßen die Insekten an eine Art Schranke, diese öffnet sich und gibt den Weg zum Nektar frei, nachdem sie die Eindringlinge mit Blütenstaub bepudert hat. Diesen Blütenstaub tragen die Insekten zur nächsten Blüte und sorgen so für Befruchtung und Samenbildung. Wir können am Wiesensalbei selbst ausprobieren, wie das mit der Schranke und dem Einpudern funktioniert, indem wir einen langen Grashalm in die Blüte hineinschieben.

Nektar schlürfen

Bienen und Hummeln wissen genau, wo sie leckeren Nektar finden können. Diese Blüten besuchen sie besonders häufig. Wir testen, ob wir uns den

Geschmack von vier verschiedenen Flüssigkeiten merken können und probieren zunächst mit offenen Augen z. B. Apfelsaft, Orangensaft, Traubensaft und Wasser. Mit geschlossenen oder verbundenen Augen saugen wir als nächstes ein wenig von diesem „Nektar" mit einem Strohhalm auf. Erschmecken wir, was wir gerade geschlürft haben?

Was Insekten anlockt

Wir schneiden aus blauem, rotem, gelbem und weißem Fotokarton große Blüten aus und legen sie an einem sonnigen, warmen Tag auf dem Hof oder einer Wiese aus. In die Mitte dieser Blüten stellen wir einen Pflanzenuntersetzer auf, den wir mit Zuckerlösung füllen (Mischungsverhältnis: 1 Teil Wasser und 1 Teil Zucker). Welche Insekten fliegen auf unsere Blumenattrappen? Wer lässt sich von welcher Farbe besonders anlocken? Wenn wir das herausgefunden haben, können wir gezielt zu verschieden farbigen Blumen gehen und dort überprüfen, ob die Beobachtung, die wir bei unserem Experiment gemacht haben, stimmt.

Pollen sammeln

Wenn Bienen genug Blütenstaub gesammelt haben und sich der Pollen wie ein Höschen an den Hinterbeinen angesammelt hat, bringen sie ihn als Klößchen nach Hause in den Bienenstock. Wir machen daraus ein Spiel, indem wir an alten Hosen ein Stück Klettband ans Hinterteil kleben oder nähen. Dann werden mehrere Mannschaften gebildet, deren Aufgabe es ist, die draußen oder im Raum verteilten Pollenklößchen (Wattebäusche oder kleine Stücke ungesponnener Schafwolle) nur mit Hilfe des Klettbandes einzusammeln, in den Bienenkorb zu tragen und dort mit den Händen abzustreifen. Auf ein Zeichen schwärmen alle Bienen aus und sammeln in einer vorher festgelegten Zeit so viele Pollenklößchen wie möglich. Immer wieder laufen sie zurück zu den bereitgestellten Bienenkörben und streifen sie ab. Das Aufsammeln ohne Einsatz der Hände erfordert einiges Geschick.

Frühlingsgaukler-Tanz

Die wärmenden Sonnenstrahlen locken auch den Zitronenfalter nach draußen. Wenn ein Zitronenfaltermännchen eine Partnerin sucht, tanzt es einen federleichten Tanz. Wir schmücken uns mit zitronengelben Accessoires (Tücher, Bänder, Hüte, T-Shirts) und verteilen uns paarweise draußen auf der Wiese oder im Raum. Als Tanzmusik wählen wir eine leichte, schwungvolle Musik.

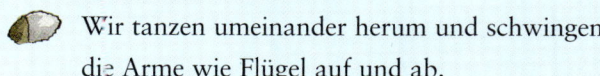 Wir tanzen umeinander herum und schwingen die Arme wie Flügel auf und ab.

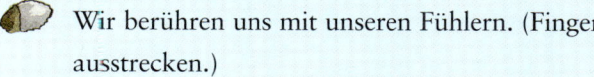 Wir berühren uns mit unseren Fühlern. (Finger ausstrecken.)

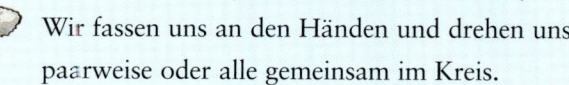 Wir fächeln uns Duftstoffe zu, um den anderen anzulocken. (Mit den Händen wedeln.)

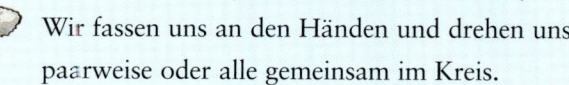 Wir fassen uns an den Händen und drehen uns paarweise oder alle gemeinsam im Kreis.

Gezwitschert und gesungen

Vögel im Frühling

Gefiederte Frühlingsboten

Die Rückkehr der Vögel aus dem Süden ist für die Menschen schon immer ein Grund zur Freude über das Erwachen der Natur gewesen. Kam der Kuckuck zurück, wurde früher das Kuckucksfeuer entzündet. Ein anderer Brauch: Wer die erste Schwalbe am Himmel entdeckt hatte, wurde für diese frohe Frühlingsnachricht beschenkt. Vögel, die man im März singen hört, haben bei uns überwintert. Vögel, die in den Süden geflogen sind, hört man frühestens im April ihre Lieder singen.

Herr Winter,
geh hinter,
dein Reich ist vorbei.
Die Vögelein alle,
mit jubelndem Schalle,
verkünden den Mai.
Christian Morgenstern

Geschmückt im bunten Federkleid

In einem Naturführer oder Vogelbuch können wir Vögel ausgiebig betrachten, bevor wir sie basteln. Für den Vogelkörper benötigen wir kleine Luftballons, die aufgeblasen und mit Transparentpapierschnipseln und Kleister beklebt werden (2 bis 3 Schichten genügen). Das Köpfchen mit Schnabel modellieren wir, indem wir ein Stück Papier zu einer Kugel rollen, über die wir auch wieder in Kleister getränkte Transparentpapier legen. Beim Formen der Kugel und Gestalten des Schnabels benötigen die Kinder vielleicht ein wenig Hilfe. Ist der Vogelkörper getrocknet, können wir ein kleines Loch in die Transparentpapierhülle schneiden, den Luftballon aufstechen und herausziehen. In die Unterseite des Vogels stecken wir Füße, die wir aus Pfeifenputzern geformt haben, und an die Seiten und als Schwanz kleben wir bunte Federn aus dem Bastelladen.

Vogelstimmen

Vogelstimmen sind in ihrem Klang, in ihrer Lautstärke und Klangfolge sehr vielseitig. Jeder Vogel hat eine unverwechselbare Stimme. Es gibt Vögel, die in Strophen singen oder gleichförmige Klänge ohne Unterbrechung flöten. Einige Vogelstimmen erscheinen melodisch, andere schrill oder schmetternd. Meistens sind es die Vogelmännchen, die laut und ausgiebig singen und damit ihr Revier

abstecken. Ein Vogelrevier reicht so weit, wie der Gesang des Vogelmännchens zu hören ist. Auch um die Weibchen anzulocken, wird im Frühling aus voller Kehle gesungen. Aber Vögel geben nicht nur klangvolle Gesänge von sich, sie kennen auch Warn- und Flugrufe, die sich oft wie Zisch- und Pfeiflaute anhören.

- Die Kuckuckmännchen rufen „ku-ku", die Weibchen geben Kicherlaute von sich.
- Der Zilpzalp hat seinen Namen nach seinem Ruf – ein unregelmäßiges: „zilp-zalp-zilp-zalp".
- Die Sumpfmeise singt „pistja, pistja".
- Die Ringeltaube gurrt fünf- bis sechssilbige Strophen mit Betonung der zweiten Silbe: „ru-kuu-ku-ru-kuu-ku".
- Der Waldkauz kennt zwei verschiedene Stimmen: „hu-u, hu-u-u-u" oder ein scharfes „kiwitt".
- Der Gimpel oder Dompfaff gibt Pfeiflaute von sich: „diu-diu-diu".
- Der Eichelhäher warnt mit einem lauten „rääk-rääk-rääk", wenn sich Ungewöhnliches im Wald tut.
- Die Stockente quakt laut ein weit vernehmbares „waak-waak".

Morgenlied der Vögel

Jedes Kind bekommt eine Vogelstimme ins Ohr geflüstert, die es sich merken soll. Die Kinder spielen nun, dass alle Vögel im Wald schlafen. Wenn die Glocken vom Kirchturm vier Mal läuten, erwachen die Vogelkinder und beginnen ihr morgendliches Waldkonzert. Jetzt geben alle Kinder gleichzeitig die Vogelstimme von sich, die ihnen zugeflüstert wurde. Es versuchen sich die Vögel zu finden, die mit der gleichen Stimme singen. In diesem Stimmenwirrwarr zueinander zu finden, ist gar nicht so einfach.

Vogelorchester

Die Kinder sitzen im Kreis auf dem Boden. Jedes Kind bekommt ein Instrument: Tamburin, Becken, Triangel, Glockenspiel, Zimbeln usw. Ein Instrument ist zweimal vorhanden – es sind die „Stimmen" eines Vogelpärchens, die sich im Wald auf einem Baum treffen wollen, um gemeinsam ein Vogelnest zu bauen.

Ein Kind steht mit verbundenen Augen und einem der doppelt vorhandenen Instrumente in der Kreismitte. Während alle Kinder gleichzeitig auf ihren Instrumenten spielen, wird das „blinde Vogelkind" langsam durch den Kreis geführt und bleibt dort stehen, wo es das gleiche Instrument hört. Das Vogelpärchen hat sich gefunden und kann nun mit dem Nestbau beginnen.

Aktives Hören statt passiver Reizüberflutung

Hören und Zuhörenkönnen ist eine wichtige Voraussetzung für menschliche Kommunikation und für die Entwicklung der Sprache. Die Ohren sind immer offen, sie können nicht zum Ausruhen geschlossen werden wie die Augen. Krach, Lärm und musikalische Dauerberieselung sind Reize, denen unsere Ohren schutzlos ausgeliefert sind. Kinder brauchen deshalb auch Inseln der Ruhe für ihre Ohren, um eine Reizüberflutung zu verhindern. Bei einem Spaziergang im Wald können sich ihre Ohren erholen. Wenn wir die Aufmerksamkeit der Kinder auf Vögel im Wald lenken, dann lernen sie, genau hinzuhören, die Richtung einer Geräuschquelle zu erkennen und verschiedene Laute und Töne voneinander zu unterscheiden. Welch spannendes Erlebnis, wenn wir einen Vogel an seiner Stimme erkennen können!

19

Brüten und Kuscheln im Nest

Die Kinderstube der Vögel

Baumarkt für Nistvögel

Vögel sind oft sehr wählerisch, wenn es um den Nestbau geht. Um zu beobachten, welche Materialien sie besonders gern verwenden, richten wir ihnen auf einem Tablett oder in einer flachen Obstkiste einen „Baumarkt" ein. Wir legen Federn, Holzwolle, Grashalme, kleine Äste, Moos, Wollfäden, Haare usw. bereit und schauen, ob und was die kleinen Baumeister sich aus unserem Angebot auswählen.

Rätsel

Ein Faulpelz ist dies Federtier,
es legt sein Ei in fremdes Revier.
Wer ist das?

Kuckuck

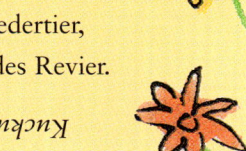

Kuckucksspiel

Die Kinder stehen wie beim Plumpsackspiel im Kreis und schauen zur Mitte. Hinter jedem Kind liegt auf dem Boden ein kleines Nest aus Stroh, Moos, Gras o. ä. mit jeweils einem unverwechselbaren Ei. Ein Kind läuft als Kuckuck mit einem eigenen Ei in der Hand außen um den Kreis herum. Es versucht, sein Kuckucksei in ein fremdes Nest zu schmuggeln und legt es neben ein anderes Ei ins Nest. Die Kinder schauen zwischendurch in ihre Nester, und sobald sie das Kuckucksei entdecken, heben sie es auf und versuchen, den Kuckuck zu fangen. Wird das Kuckuckskind nicht gefangen, stellt es sich in die entstandene Lücke und übernimmt Nest und Ei. Das neue Kuckuckskind versucht nun, das Kuckucksei wieder loszuwerden. Wird ein Kuckuckskind gefangen, versucht es noch einmal sein Glück. Wenn ein Kind im Kreis nicht bemerkt hat, dass in seinem Nest ein Kuckucksei liegt, und wenn das Kuckuckskind auf seinen Rücken pocht, nachdem es eine Runde um den Kreis gelaufen ist, werden auch die Rollen getauscht.

Ein Riesenei

Wie mag das wohl sein, in einem Ei zu sitzen, das ganz eng geworden ist? Es wartet darauf, angepickt zu werden, damit die Schale springt und das Küken ausschlüpfen kann.

Wir wollen ein Riesenei mit den Kindern basteln, in dem ein Kind Platz findet. Dazu brauchen wir einen Riesenluftballon, der aufgeblasen und fest verknotet wird. Mit Kleister und einer Menge in Stücke zerrissenem Zeitungspapier bekleben wir den Riesenluftballon Schicht für Schicht. Das wird einige Zeit dauern, denn wir brauchen mindestens sechs bis sieben Schichten, damit unser Ei auch stabil genug wird, um damit zu spielen. Sind alle Schichten aufgeklebt, lassen wir das Riesenei eine Woche lang austrocknen. Nach dieser Wartezeit lösen wir den Luftballon aus der Hülle und schneiden mit einem scharfen Messer vorsichtig eine Kappe von dem Ei, so als wollten wir ein Frühstücksei köpfen. Den Rand, der dabei entsteht, glätten wir wieder mit Zeitungspapierschnipseln und Kleister und lassen auch das noch einmal zwei Tage lang trocknen. Dann können die Kinder das Ei bemalen. Zuerst

grundieren wir die ganze Oberfläche mit weißer Finger- oder Temperafarbe. Anschließend bemalen wir das Ei, vielleicht wie ein Amselei in blaugrün mit kleinen Sprenkeln. Wenn die Farbe ganz trocken ist, kann das Ei noch lackiert werden, um es haltbarer zu machen. Der dafür benötigte Klarlack sollte an einem gut belüfteten Ort von einem Erwachsenen aufgetragen werden.

Vogelnester

Vogelnester findet man in fast allen Lebensräumen und an den unterschiedlichsten Stellen. Manche Vogelarten wählen immer den gleichen Platz zum Brüten. Die Mehlschwalbe beispielsweise baut ihr Nest immer an die Außenwände von Gebäuden, während die Amsel in Bäumen und Büschen, aber auch unter Dächern brütet. Nester werden aus verschiedensten Materialien (Gräser, Blätter, Schilfhalme, Wurzeln, Moos, Haare, Federn, Spinnweben, Pflanzenwolle usw.) gebaut, wobei Größe und Form von Vogelart zu Vogelart sehr variieren. Man unterscheidet einige charakteristische Nestformen: Bodennester, Hängenester, Kugelnester, Napfnester, Schwimmnester, Baumhöhlen, Reisighorste.

Verborgen im Ei

Wer möchte einmal in unser Riesenei schlüpfen und spüren, wie sich ein Vogelbaby fühlt? Wir bauen zu dem Riesenei noch ein Nest aus Heu oder Stroh. Die Kinder sitzen abwechselnd im Ei und dürfen entscheiden, ob sie das Ei auch mit dem Eierdeckel verschließen möchten. Sagen Sie den Kindern, dass sie den Deckel sofort abheben können, wenn es ihnen zu dunkel und eng ist, damit kein Kind im Ei Angst bekommt. Die Kinder spielen, wie das Vogelbaby aus dem Vogelei schlüpft. Sie picken an der Schale und zwängen sich vorsichtig aus dem Ei heraus. Dazu singen wir das folgende Lied:

Lied des Vogelkükens
(Melodie: Ein Vogel wollte Hochzeit machen)
Text: Annemarie Stollenwerk

1. Ist Frühlingszeit? Ich muss hier raus
aus meinem engen Schalenhaus!
Fiderallala ...

2. Denn ich bin groß, bin nicht mehr klein
will fliegen, flattern, fröhlich sein.
Fiderallala ...

3. Mein Schnabel pickt ein Loch ins Ei,
noch einmal fest und ich bin frei!
Fiderallala ...

4. Kann Bäume und den Himmel sehn,
die Welt hier draußen ist so schön!
Fiderallala...

21

4 Die Erde öffnet ihre Augen

Den Lebensraum entdecken

Die Erde zählt zu den vier Elementen, aus denen Leben entsteht. Das Leben von Menschen, Tieren und Pflanzen hängt auch von dieser Humusschicht ab, denn ohne Erde gäbe es kein Pflanzenwachstum, keine Nahrung für Tiere und Menschen, keine frische Atemluft. Pflanzen erzeugen durch Photosynthese Sauerstoff, den sie durch ihre Blattoberfläche an die Atmosphäre abgeben. Die Erde ist die Wiege der Pflanzen, sie gibt den Wurzeln Halt und versorgt sie mit Nährstoffen und Wasser aus dem Boden.

Die Erde aufwecken

Im Frühling erwacht die Erde mit ihrer Fülle an Samen, Klein- und Kleinstlebewesen, die in ihr überwintert haben, zu neuem Leben. Wir gehen mit den Kindern nach draußen und versuchen, die Erde und alles, was im Verborgenen unter der Erde lebt, zu wecken. Die Kinder überlegen, wen sie in der Erde wecken wollen: den Maulwurf vielleicht, den Regenwurm, kleine Käfer, Asseln oder auch Blumenzwie-

beln, die wir im Herbst der Erde anvertraut haben? Wir wecken die Erde in diesem Spiel zuerst ganz sanft, indem wir sie mit der Hand streicheln, kitzeln oder ein wenig mit den Fingern trommeln oder anklopfen. Und für alle Lebewesen, die immer noch nicht wach sind, können wir auch ein Frühlingslied auf der Erde singen und tanzen. Hört der Regenwurm das Stampfen unserer Füße?

Der Erdboden als Lebensraum

Bei diesem Experiment schauen sich die Kinder eine Hand voll Erde mit bloßem Auge oder mit einer Lupe an. Sie erkennen kleine Sandkristalle, kleine Steinchen, braune Tonteilchen und kleine Tiere wie Asseln, Käfer, Spinnen, vielleicht einen Wurm. Die Erde hütet aber Millionen winzig kleiner Lebewesen, die man mit dem bloßen Auge nicht erkennen kann, die den Boden fruchtbar machen und dazu beitragen, das grüne Kleid der Erde zu erhalten. Dazu zählen: Pilze, Algen, Milben, Bakterien, Einzeller, aber auch unzählige Samen. Die Kinder

werden staunen, was aus gesammelter Erde vom Ackerrand Grünes wächst, ohne dass wir selbst einen Samen in die Erde gesteckt haben. Wir müssen die Erde nur regelmäßig gießen und ein wenig Geduld haben. Es sind die Samen der Wildkräuter, die in der Erde schlafen und auch bei größter Winterkälte Schutz im Inneren der Erde finden, um im Frühling neu zu wachsen. Vielleicht erblüht in unserem Erdetopf bald sogar eine leuchtend rote Wildmohnblüte?

Kleider für die Erde

Nicht alle Erdflächen nehmen wir als Erde wahr, weil sie nicht mit ihrer braunen, unbewachsenen Oberfläche zu sehen ist, sondern ein Kleid aus Rasen, Blumen, Wildkräutern, Waldblumen, Moos, Gemüse usw. trägt. Welche Kleider trägt die Erde im Frühling?

 Die Kinder schneiden große Papier- oder Kartonflächen zu einem Kleiderumriss aus und malen sie mit Fingerfarben grün an.

 Anschließend bemalen oder bekleben sie das grüne Kleid mit bunten Papierblüten wie eine Krokuswiese.

 Mit aufgemalten oder aufgeklebten gelben Blüten verwandelt sich das Kleid in eine Wiese voller Löwenzahnblüten.

 Oder die Kinder bekleben das Kleid mit grünem Moos und mit anderen Naturmaterialien (z.B. Steine, Sand, Laub und Zweige usw.).

Wir legen unsere Erde-Kleider nach draußen auf den braunen Erdboden und lassen sie von der Sonne bescheinen.

Eine Pflanzschule auf der Fensterbank

Im Wald unter altem Laub spüren wir Keimlinge und Sprossen auf, graben sie vorsichtig aus, pflanzen sie in Tontöpfe, die mit Erde gefüllt sind, und stellen sie zur Beobachtung auf die Fensterbank. Die Keimlinge brauchen Licht und Wasser zum Wachsen. Noch wissen wir nicht, was aus diesen kleinen Pflänzchen einmal wird, aber wenn wir die Entwicklung der Blätter beobachten, können wir mit einem Pflanzenbestimmungsbuch herausfinden, welcher Baum, Strauch oder welche Blume aus jedem Keimling wird.

Grüner Mensch

Wir säen grüne Kinder. Dazu legen sich die Kinder direkt auf Erde oder auf die Pflastersteine vor dem Kindergarten- oder Schuleingang. Den Körperumriss legen wir mit Steinen nach und die Flächen füllen wir etwa 10 cm hoch mit Blumenerde. Auf die Blumenerde säen wir Streuweizen, der mit einer weiteren dünnen Erdschicht zugedeckt und gewässert wird. Wenn wir die Samen regelmäßig gießen, wachsen auf den nackten Pflastersteinen grüne Menschen. Ein besonderer Kontrast zu versiegelten Flächen entsteht, der sicherlich bei Klein und Groß eine Vielfalt von Gefühlen, Eindrücken und Gesprächen auslösen wird.

Was in der Erde steckt

Experimente und Spiele

nadel durchlöchern. Feine Siebe entstehen, wenn wir auf einen kleinen Holzrahmen Fliegengitter spannen und mit doppelseitigem Klebeband befestigen. Natürlich können wir auch ein Küchensieb benutzen. Wir sieben Komposterde, Walderde, Blumenerde, Erde aus Maulwurfshügeln usw. Dabei kommt immer zuerst das gröbste Sieb zum Einsatz, bevor die feineren Siebe immer kleinere Gegenstände zurückhalten. Was entdecken wir beim Sieben? Finden wir Erdschätze oder kleine Lebewesen? Wie fühlt sich die gesiebte Erde an?

Begegnung mit der Erde

Draußen, im Garten, im Park oder im Wald suchen wir uns einen erdereichen Platz, den wir im wahrsten Sinne des Wortes begreifen wollen: Mit den Händen wühlen wir in der Erde wie ein Maulwurf, schieben und klopfen die Erde, bohren Löcher hinein, greifen die Erde wie eine Baggerschaufel, lassen sie zwischen den Fingern hindurchrieseln, kneten sie. Mit den Füßen stampfen wir die Erde fest, greifen sie mit nackten Zehen, hinterlassen Fußabdrücke ... Was lässt sich noch alles mit der Erde anstellen?

Erde sieben

Mit verschiedenen groben und feinen Sieben untersuchen wir die Frühlingserde. Einfache Siebe können wir uns aus alten Schuhkartons selbst basteln, indem wir den Boden des Kartons mit einer Prickel-

Schätze suchen

In zwei Schüsseln mit Gartenerde verbuddeln wir einige „Schätze", z. B. kleine Tannenzapfen, Blumenzwiebeln, Schneckenhäuser, Steine, Stöckchen oder auch besondere Steine und Silberstücke (kleinere Steine, die mit Folie umwickelt wurden). Um die Wette versuchen nun immer zwei Kinder, ihre Erde durchzusieben und die Schätze zu bergen. Wer zuerst alle Schätze freigesiebt hat, hat gewonnen.

Erdschichten trennen

Ein großes Gurken- oder Einmachglas füllen wir mit Erde von verschiedenen Standorten: aus dem Garten, aus dem Wald, vom Fluss- oder Bachufer etc. Dann gießen wir Wasser dazu und schütteln das Gemisch kräftig durch. Wir lassen das Glas ruhen und beobachten dabei, wie die einzelnen Erdschichten sich voneinander absetzen. Alle schweren

Bestandteile werden nach unten sinken, z. B. Steinchen und Sand. Oben werden sich Blätter und Humus absetzen. Mit einer Lupe schauen wir uns die Erdschichten ganz genau an. Wie viele verschiedene Schichten entstehen? Welche Farbe haben die einzelnen Schichten?

Erde gestalten

Wir suchen uns am Waldrand oder im Garten ein Fleckchen Erde, einen schönen Platz, der uns gefällt. Mit Stöckchen und Steinen grenzt jeder ein kleines Stückchen Erde ein und mit den Händen, Rechen, alten Kämmen, Gabeln u. ä. gestalten wir unseren Erdplatz. Wir verzieren ihn mit Mustern und Ornamenten, schmücken ihn mit Blüten und Blättern und geben ihm einen Namen. Gegenseitig besuchen wir uns an unserem Erdplatz und tauschen Ideen und Entdeckungen aus.

Blinde Baumeister

Wir sitzen auf dem Waldboden oder um einen Maulwurfshügel herum im Kreis. Mit geschlossenen oder verbundenen Augen formt ein Kind aus Erde einen Gegenstand. (Je nach Witterung brauchen wir für die Erde etwas Wasser, um sie besser formen zu können!) Alle anderen dürfen raten, was der blinde Baumeister geformt hat. Wer den Gegenstand errät, darf als nächstes blinder Baumeister werden. Wir können auch alle gleichzeitig etwas formen und dann reihum raten, was aus der Erde entstanden ist.

Geschmückte Erdhände

Fein gesiebte Wald- oder Gartenerde vermischen wir mit Wasser zu einem geschmeidigen Brei. Mit diesem Brei bestreichen wir uns Hände und - wer mag - auch die Unterarme. Das Bestreichen kann in Part-

nerarbeit geschehen, entweder mit den Händen oder mit einem dicken Malerpinsel. Wir können die Hände aber auch einfach in den Erdbrei hineintauchen. Während der Erdbrei noch feucht ist, schmücken wir die Hände mit feinem Sand, Blättern, Blüten etc. und warten mit Spannung, was geschieht, wenn unsere Erdhände getrocknet sind.

Fantasievolles Formen

Beim Matschen und Spielen mit Erde, Lehm oder Ton finden Kinder schnell in ein fantasievolles Wechselspiel von Aufbau und Zerstörung. Da wird geknetet und geformt, wieder platt gemacht und neu begonnen. Wir können Kinder in ihrem kreativen Tun unterstützen und vermitteln, dass es nicht um vorzeigbare und ordentliche Ergebnisse geht, sondern um lustvolles Gestalten, um fantasievolle Ausdrucksmöglichkeiten ihrer Schaffenskraft.

Geheimnisvolle Erdbewohner

Wir überlegen uns, welche geheimnisvollen Wesen wohl in und auf dem Erdboden leben: vielleicht eine warzige Erdkröte oder ein knubbeliger Erdkobold? Anschließend versucht jeder, solch ein Wesen aus Ton oder Lehm zu modellieren. Damit die Figuren nicht reißen, müssen sie langsam trocknen und können dann gebrannt werden. Draußen können wir mit den Erdbewohnern im Beet, im Wald oder in der Wiese spielen. Wenn sie gebrannt sind, können sie einen Platz im Blätterdschungel des Farns, in einer Baumhöhle oder bei kunterbunten Frühlingsblumen bekommen. Ungebrannte Figuren stellen wir auf die Fensterbank oder neben Pflanzentöpfe.

Kartoffeln in der Erde

Die braune Wunderknolle

Ein wertvolles Nahrungsmittel

Kartoffeln werden auch braune Erdäpfel genannt und stammen ursprünglich aus Südamerika. Die Indianer kennen die Kartoffel seit mindestens 2000 Jahren. Spanische Eroberer brachten die Kartoffel Mitte des 16. Jahrhunderts nach Europa. Lange wurde die stärkehaltige Kartoffel als das „Brot der Armen" betrachtet und wurde in der modernen Küche vernachlässigt. Erst seit die Wissenschaft ihren Vitamingehalt (Vitamin C, B1, B2, B6 und Vitamin A) und ihren Eiweißreichtum nachgewiesen hat, wird die Kartoffel als gesunde Delikatesse geschätzt und in vielen Variationen zubereitet.

Kartoffelexperiment

Das Experiment mit einer gekeimten Kartoffel zeigt uns, dass Pflanzen Licht wahrnehmen können und sich selbst in dunkler Umgebung nach der kleinsten Lichtquelle ausrichten.
Wir legen eine gekeimte Kartoffel in einen Karton, verschließen den Deckel und schneiden kleine kreisrunde Öffnungen in die Seitenwände und in den Deckel des Kartons. In diese Öffnungen stecken wir verschieden lange und verschieden dicke Röhren (z. B. Klopapierrollen, Rollen von Folien). Wir mutmaßen, wo der Kartoffelkeimling als erstes heraus schaut. Wann wird der Keimling den Weg zum Licht durch die Öffnung gefunden haben?
Wenn wir die Kartoffel mit ihrem langen Keim in einen Blumentopf mit Erde einpflanzen und diesen regelmäßig gießen, können wir beobachten, wie der Kartoffelkeim grüne Blätter und Blüten entwickelt. Nach einiger Zeit entstehen aus den Blüten kleine, grüne Früchte. Aber Vorsicht! Die Kinder müssen von Anfang an wissen, dass alle oberirdischen Teile der Kartoffel giftig sind und nicht gegessen werden dürfen. Wenn die Blätter gelb werden, können wir im Spätsommer das Geheimnis in der Erde lüften und schauen, ob die Kartoffelmutter Kartoffelkinder bekommen hat.

Knolli wird eine Kartoffelmutter

In Braunsbüttel, einer Stadt im hohen Norden, gibt es ein wildes Haus mit einer Kartoffelkiste im Keller. In dieser Kartoffelkiste lebte Knolli mit seinen Geschwistern Kurti und Klausi. Sie waren im Herbst in die Kartoffelkiste in Braunsbüttel eingezogen und hatten dort zusammen den strengen Winter verbracht. Als es Frühling wurde, spürte Knolli, die Kartoffel mit der drolligen Warzennase, unter ihrer glatten Kartoffelschale das wilde Jucken eines nahenden Abenteuers. Eigentlich liebte Knolli das Leben in der Kartoffelkiste, besonders ihre Kartoffelgeschwister Klausi und Kurti. Sie mochte den muffigen Kellergeruch und das wilde Haus mit den 4 wilden Kindern. Aber Knolli hatte es sich in den Kartoffelkopf gesetzt, selbst Mutter mit vielen Kartoffelkindern zu werden. Und so machte sie sich eines schönen Frühlingstages auf den Weg, um sich einen schönen, braunen Erdenplatz zu suchen. Sie zog von Acker zu Acker, bis sie das schönste, krümeligste Fleckchen Erde fand, in das sie sich legen wollte, um ihre Kartoffelkinder zu bekommen. Natürlich musste sie sich erst mit ihren zukünftigen Nachbarn besprechen und anfragen, ob noch ein Plätzchen in der Erde frei sei. Und so klopfte sie zunächst über der Erde am Haus des Salatkopfs an, der dort schon fleißig seine ersten zarten, grünen Blätter der Sonne entgegenstreckte. Der Salatkopf war ein wortkarger, freundlicher Kauz und sagte nur: „Wie eine Schnecke siehst du nicht gerade aus. Na gut, dann mach es dir bequem neben mir." Das Radieschen Rudi freute sich über den neuen unterirdischen Nachbarn, begrüßte Knolli herzlich und war ganz aufgeregt. Sofort rief das Radieschen Rudi über das Erdkabel Roland, den Regenwurm, der für Knolli eine gemütliche Erdhöhle grub. Rudi Radieschen, Roland Regenwurm und Knolli Kartoffel verstanden sich prächtig. Sie wurden sogar dicke

Freunde, und die braucht man auch unter der Erde. Knolli spürte eines Morgens in ihrem Kartoffelbauch ein kribbeliges Gefühl und wusste: Jetzt ist die Zeit gekommen, sich in die Erdhöhle zu legen und zu warten. Rudi Radieschen und Roland Regenwurm halfen Knolli, wo sie konnten. Roland durchwühlte täglich die Erde, damit sie schön locker war und Knolli viel frische Luft atmen konnte. Rudi sammelte fleißig Regentropfen und brachte sie an sonnigen, trockenen Tagen Knolli zu trinken. Und weil es Knolli so gut ging, sprossen zuerst Keime aus dem Kartoffelkopf, die viel Licht und Luft brauchten. Sie wuchsen über der Erde weiter und wurden schön grün. In den Blättern waren kleine Aufzüge, die Luft und Wasser unter die Erde schickten, um Knolli zu versorgen. Eines Tages war es dann soweit. Roland Regenwurm entdeckte das kleine, braune Knübbelchen zuerst. Er rüttelte Knolli aus dem Schlaf und rief aufgeregt: „Du hast ein Kartoffelkind bekommen!" Knolli rieb sich ein Erdklümpchen aus den verschlafenen Kartoffelaugen und konnte ihr Glück nicht fassen. Tatsächlich, dieses kleine, braune Knübbelchen war ihr erstes Kind. Und weil es noch so knubbelig aussah, nannte Knolli ihr erstes Kartoffelkind Knübbelchen. Rudi Radieschen und sogar der schüchterne Salatkopf kamen, um Knolli zu gratulieren. Und noch während sie Knollis erstes Kind feierten, wuchsen weitere braune Knötchen an Knollis Bauch. Es gab viel zu feiern in diesem Frühjahr, denn Knolli bekam insgesamt 11 Kartoffelkinder. Knolli zeigte ihren 11 Kartoffelkindern alle wilden Spiele, die sie selbst einmal gespielt hatte. Roland Regenwurm hatte viel zu tun, denn auch Knollis Kinder spielten am liebsten Regenwurmreiten und Kartoffelkäferjagd. Ihr könnt euch denken, dass es ein lustiges Frühjahr wurde für Knolli, ihre 11 Kinder und ihre Erdenfreunde.

Regina Bestle-Körfer

Wimmeliges Erdrevier

Tiere auf und unter der Erde

Lebensraum Erde

Im Kellergeschoss unserer Erde arbeiten verschiedene Lebewesen Tag und Nacht. Manche von ihnen sind so klein, dass sie mit bloßem Auge nicht zu sehen sind. Doch jedes Lebewesen erfüllt dort in der Erde eine wichtige Funktion. Große Tiere wie Maulwurf, Dachs und Igel durchwühlen die Erde, graben sie um, so dass Hohlräume und zahlreiche Gänge entstehen, in die Regenwasser und Luft eindringen kann. Kleine Lebewesen wie der Regenwurm durchlüften und lockern den Boden, dass z. B. zarte Pflanzenwurzeln besser wachsen können. Durch das unsichtbare Wirken von Kleinstlebewesen, die sich von toten organischen Stoffen ernähren, entsteht Humus. Diese Erdbewohner sorgen dafür, dass alles zerkleinert und zersetzt wird und so dem Boden wieder Nährstoffe zugeführt werden.

Regenwurmsuche

In feuchter Gartenerde graben wir mit den Händen vorsichtig in die Tiefe und suchen nach Regenwürmern. Mit einer Lupe schauen wir sie uns genauer an: die einzelnen Körpersegmente, die Borsten an der Unterseite des Körpers, mit denen der Regenwurm sich vorwärts bewegen kann. Wenn wir den Regenwurm in die Erde zurücksetzen, beobachten wir genau, wie er sich wieder in den Boden bohrt und langsam verschwindet.

Mischkünstler

In zwei großen Einmach- oder Gurkengläsern sammeln wir verschiedenfarbige Sand- und Erdschichten. In eines der Gläser setzen wir 2 oder 3 Regenwürmer, im anderen bleibt die Erde regenwurmfrei. Beide Gläser befeuchten wir mit Wasser aus der Blumenspritze, decken sie mit etwas Laub ab und verschließen sie mit einem Deckel oder Klarsichtfolie, in die wir Luftlöcher bohren. Aus schwarzem Fotokarton basteln wir einen Zylinder, den wir über das Glas mit den Regenwürmern stülpen, denn in der Natur arbeiten die Regenwürmer im Dunkeln. Über einen Zeitraum von 2 bis 3 Wochen beobachten wir, was in den Gläsern geschieht. Wann können wir eine Veränderung feststellen? Was machen die Regenwürmer in den Erdschichten? Am Ende unserer Beobachtungszeit setzen wir die Regenwürmer wieder im Freien in den Erdboden.

Regenwurmrennen

Für dieses Spiel bilden wir zwei Mannschaften und vereinbaren auf der Wiese oder drinnen eine Start- und eine Ziellinie. Auf ein Zeichen legt sich von

28

jeder Mannschaft ein Mitspieler auf den Bauch an die Startline und die beiden bewegen sich vorwärts, wie wir es bei den Regenwürmern beobachtet haben. Sobald die beiden die Ziellinie überquert haben, sind die beiden nächsten Regenwürmer an der Reihe.

Wir können auch über oder um Hindernisse herum zu einem Stück Obst kriechen, das ohne Hilfe der Hände aufgegessen werden muss. Dann geht es zur Mannschaft zurück und der nächste Regenwurm wird auf den Weg geschickt.

Nasse Asseln

Selbst wenn auf hundertfünfzig Asseln
schwere Regentropfen prasseln
lassen sich die nassen Asseln
ihre Laune nicht vermasseln
und quietschvergnügt hört man sie quasseln.
Annemarie Stollenwerk

Maulwurfshügel aufwerfen

Der Maulwurf ist wohl der bekannteste fleißige Erdarbeiter. Mit seinen beiden Vorderpfoten, die wie Schaufeln geformt sind, wühlt er sich auf der Suche nach Nahrung meterlange Gänge durchs Erdreich und wirft große Maulwufshügel auf. Manche Wiesen sehen aus, als würden die Maulwürfe einen Wettbewerb austragen, wer von ihnen die meisten oder die höchsten Erdhügel aufwerfen kann.

Im Sandkasten spielen wir nach, wie die Maulwürfe um die Wette buddeln. Jeder Mitspieler sucht sich einen Platz und dann wird festgelegt, wie die Hügel aufgehäuft werden dürfen. Auf ein Zeichen hin geht

es los und nach Ablauf einer Minute wird gemessen, wer mit seinen Grabeschaufeln, den Händen, den höchsten Maulwurfshügel aufgetürmt hat.

Kleine Saubermänner

Asseln gehören wie Regenwürmer und Schnecken zur Putzkolonne der Natur. Draußen finden wir sie überall, wo es dunkel und ein wenig feucht ist, etwa unter Steinen oder Blumentöpfen. Dort können wir auch einige aufsammeln, um sie für kurze Zeit zu beobachten. In ein Gurkenglas füllen wir eine dünne Schicht Erde und verteilen darauf Papierschnipsel, die wir zuvor angefeuchtet haben. Was können wir beobachten? Papier, das ja aus Holzfasern besteht, gehört zur Leibspeise der Asseln. Sie werden sich über die Papierschnipsel hermachen und sie kurz und klein raspeln.

Unterirdisches Gemälde

Auf großen Tapetenbahnen oder alten Leintüchern stellen wir dar, wie der unterirdische Lebensraum der Tiere aussieht. Wir malen Käfer, Regenwürmer oder Maulwürfe in ihren Gängen und Höhlen und Wurzeln von Bäumen und Blumen, wie sie das Erdreich durchdringen. Dazu mischen wir aus Wasser- oder Temperafarben unterschiedliche Gelb-, Braun- und Grautöne für Steine, Lehm und Erdfarbe, die wir mit den Fingern oder einem Pinsel auftragen. Ist unser unterirdisches Bild fertig, braucht es einen besonderen Platz, an dem alle es gut sehen können.

29

Sich öffnen und entfalten
Knospen und Blüten

Auf Knospensuche

Mit Lupen ausgestattet, machen wir uns auf zu einer Entdeckungsreise. Alle Bäume und Sträucher tragen Knospen, die sich ganz prall anfühlen oder schon aufgeplatzt sind und Blätter und Blüten ins Freie schieben. Weidenkätzchen haben einen weichen Pelz, auf dem sich später die gelben Staubgefäße zeigen. Kastanienbäume tragen dicke Knospen, aus denen nach und nach eine ganze Kerze emporwächst, die wir uns genau anschauen. Obstbäume sind von kleinen Blütenknospen übersät, die alle gleichzeitig aufzublühen scheinen. An den Birken finden wir winzige Blattknospen und die schmalen „Würmchen", die von den Zweigen herunterhängen. Ein paar kleine Zweige dürfen wir abschneiden, mitnehmen und zu Hause ins Wasser stellen, wo wir aus nächster Nähe ihre Veränderung beobachten können.

Junge Blätter

Wir halten Ausschau nach frischen, jungen Blättern, die sich gerade erst entfaltet haben. Vorsichtig streichen wir uns gegenseitig mit ihnen über den Handrücken, die Handinnenflächen, die Wangen, die Nase. Wir fühlen, wie fein und weich sie sind, spüren vielleicht feine Härchen oder zarten Flaum.

Vielleicht können wir an der zerknitterten Oberfläche sehen, wie das junge Blatt noch vor wenigen Stunden zusammengefaltet in der kleinen Knospe steckte.

Auch die Nadelbäume bekommen frische Triebe, die wie kleine Pinselchen aussehen und von sehr zartem Grün sind. Mit ihnen können wir auch streichen und streicheln und ihre unverbrauchte Frische spüren.

Pinseleien

Wir sammeln frische „Pinsel"- Spitzen von Lärche, Tanne oder Fichte. Manchmal weht der Frühjahrssturm kleine Äste von den Bäumen, sodass wir nichts von den Bäumen abreißen müssen. In kleinen, flachen Schälchen zerreiben wir bunte Kreide. Mit den Pinseln aus der Natur streichen wir den Kreidestaub auf schwarzen oder blauen Fotokarton und versuchen, Muster oder kleine Bilder zu malen, die zum Schluss mit Fixierspray (oder Haarspray) haltbar gemacht werden können.

30

Faszination Mohn

Auf dem Feld oder im Garten betrachten wir die Knospen der Mohnblume. Wir fühlen die feinen Härchen auf der Knospenhülle, betasten, wie prall und dick sie schon ist und fragen uns, wie die Natur es schafft, in einer so engen Hülle eine wunderschöne Blüte wachsen zu lassen. An manchen Stellen ist die Hülle vielleicht schon aufgeplatzt, das Rot der Blütenblätter schaut hervor. Ganz vorsichtig können wir die Knospenhülle abnehmen. Was sehen wir? Knitterige Blätter, die ganz eng übereinander liegen. Doch schon nach kurzer Zeit ist der Mohn ganz aufgeblüht und lockt mit leuchtend roten Blättern, einer dunklen Mitte und vielen Staubgefäßen, an denen sich Bienen und Hummeln mit lautem Gesumm bedienen werden.

Mohnblumen aus Papier

Auf dünnes Zeichenpapier malen wir Kreise mit einem Radius von 3 – 4 cm und schneiden sie aus. Wir bemalen sie von beiden Seiten mit leuchtend roten Bunt- oder Wachsmalstiften. Dann falten wir den Kreis 3 – 4 - mal zusammen und schneiden ihn wie in der Abbildung zu einer Mohnblattform. In der Hand knüllen wir die entstandene Blüte kräftig zusammen, so entstehen die feinen Knitterlinien der Mohnblütenblätter. Mit einem Reißnagel befestigen wir die Blüte auf einem grün bemalten Rundholz, dem Stängel, und kleben aus einem kleinen, schwarzen Stück Papier, das wir ebenfalls zerknüllt und wieder glattgestrichen haben, den Blütenstempel mit den Staubgefäßen in die Blüte hinein.

1.

2.

3.

Auf der Frühlingswiese

Blumengeschichten und -spiele

Blumennamen

Die Kinder erfahren bei einem Spaziergang durch einen Wald, durch einen Park oder einen Garten, welche Blumen im Frühling blühen. Wir sollten ihnen die Namen der Frühlingsblumen immer wieder sagen. Schneeglöckchen, Krokusse, Veilchen, Tulpen und Osterglocken sollte jedes Kind kennen. Manche Blumennamen erzählen bereits Geschichten und sind leicht zu behalten. Wir denken uns Geschichten aus, woher die Blumen ihre Namen haben könnten. Die Fantasiegeschichten, die uns die Blumennamen erzählen, können wir in kleinen Szenen mit den Kindern nachspielen.

 Krokusse sind vielleicht vor langer Zeit vom Krokodil geküsst worden.

 Buschwindröschen sind vielleicht Rosen, die Angst vor dem Wind hatten und sich unter Büsche verkrochen haben.

 Das Vergissmeinnicht möchte nicht vergessen sein, weil es so klein und unscheinbar ist.

 Das tränende Herz ist vielleicht eine verwandelte, traurige Blumenfee, die ihren Zauberstab verloren hat und sich nicht mehr ins Feenreich zurückzaubern konnte. Jetzt lebt sie auf der Erde als Blume und sieht ihre Feenfreundinnen und Elfenfreunde nie mehr wieder.

Blumenkinder

Wir schminken die Kinder als Blumenkinder. Jedes Kind nennt seine Lieblingsblume und wird in der entsprechenden Farbe angemalt. Dann dürfen sich alle mit bunten leichten Tüchern schmücken und an einem warmen, sonnigen Frühlingstag draußen auf der Wiese mit den richtigen Blumen im Frühlingswind tanzen.

Wahrnehmungsspiele auf der Frühlingswiese

Alle Kinder sitzen im Gras und betrachten die kleine Wiesenwelt um sich herum. Wir spielen das Spiel: Ich sehe was, was du nicht siehst.

 Wir erfinden einen langen Wiesensatz: Ich sitze in der Wiese und sehe eine Gänseblume, eine Schnecke, einen Grashalm, eine Heuschrecke, einen grünen Frosch ... Jedes Kind wiederholt den ganzen Satz und fügt etwas Neues hinzu, das es auf der Wiese entdeckt hat.

Wir können unsere Aufmerksamkeit auch auf die Geräusche in der Wiese lenken. Unser langer Wiesensatz beginnt dann so: Ich sitze in der Wiese und höre einen Vogel singen, eine Biene summen, eine Heuschrecke zirpen, eine Kuh muhen ...

 Wir spielen ein Tastspiel: Die Kinder sitzen im Gras im Kreis und verstecken die Hände hinter dem Rücken. Jetzt geben wir ganz leise ein Wiesengeheimnis (z. B. eine kleine Blume, ein Grashalm, ein Steinchen, ein Schneckenhaus usw.) hinter dem Rücken weiter. Jedes Kind tastet mit den Fingern, was es sein könnte. Am Ende darf jedes Kind sagen was es gefühlt hat. Das Wiesengeheimnis wird gelüftet und zum Betrachten in die Kreismitte gelegt.

Was Blumen uns erzählen

Still zu werden, zu spüren, wie die Stille uns einfängt und unsere Ohren weit werden lässt für die leisen Töne, das fällt Kindern manchmal schwer. Und trotzdem lohnt es, im lauten, hektischen Alltag immer wieder kleine Ruhepausen einzulegen und ganz still zu werden. Der Frühling, der unsere Sinne auf vielfältige Weise anregt, ist für Ausflüge in die Stille mit einer Fantasiegeschichte gut geeignet. Wir suchen uns einen ruhigen Platz im Grünen: eine Frühlingswiese, auf der die ersten Blumen blühen, eine Wiese im Garten oder eine lichte Stelle im Wald.

 Wir setzen oder legen uns auf den Boden und versuchen, eine bequeme Position zu finden.

 Wir schließen unsere Augen und werden ganz ruhig.

Wir spüren unserem Atem nach, ruhig atmen wir ein und aus, ein und aus ... die Fantasiegeschichte kann beginnen.

Kleine Wiesenblume

Stell dir vor, du bist eine kleine Frühlingsblume. Du stehst auf einer Wiese zwischen vielen grünen Grashalmen, die frisch und saftig sind. Die wärmenden Strahlen der Sonne lassen dich ganz offen werden. Deine Blütenblätter breiten sich weit aus, damit das Sonnenlicht dich ganz ausfüllen kann. Es fühlt sich schön an, so voll von Wärme zu sein. Da, behäbig brummt eine dicke Hummel auf dich zu und setzt sich mitten in deine geöffnete Blüte. Aufgeregt krabbelt sie hin und her, sie kitzelt dich, während sie nach Nektar sucht ... und schon fliegt sie mit lautem Gebrumm weiter. Du kannst hören, wie die ganze Wiese um dich herum summt und brummt. Du siehst andere Blumen neben dir und manchmal weht der Wind euch zueinander hin. Mit strahlendem Rot, leuchtendem Gelb und tiefem Blau hat der Frühling sie geschmückt. Jede ist einzigartig, jede ist schön. Du genießt es, mit all den anderen Blumen hier zu sein als kleiner Teil einer frühlingsbunten Wiese.
Wir bleiben noch einen Augenblick liegen, dann räkeln und strecken wir uns, öffnen unsere Augen und stehen langsam auf.

Grün, so weit das Auge reicht

Eine Farbe voller Saft und Kraft

Die Grundfarbe der Natur

Grün ist die Farbe des Anfangs und des Beginns, die Farbe des Frühlings, der Natur und des Wachstums. Es ist die Farbe des Schützens und der Beständigkeit, denn Grün wird uns immer neu geschenkt. Mit Grün verbinden wir Gesundheit und Natürlichkeit, lebensstärkende und heilende Kräfte. In der Natur gibt es unendlich viele Grünschattierungen und keine Pflanze gleicht in ihrem Grün der anderen. Grün beruhigt; ein Blick hinaus ins Grüne ist nie anstrengend, sondern wohltuend und stärkend. Im christlichen Glauben steht die Farbe Grün für Erneuerung, Auferstehung und Leben.

Mit dem Gründonnerstag beginnen die Kartage. Warum dieser Tag so heißt, ist nicht eindeutig geklärt. Es könnte sich aus dem häuslichen Brauchtum erklären lassen, da es traditionell an diesem Tag etwas Grünes zu essen gab. Da wurden Lauchkuchen oder Krapfen mit Spinatfüllung gebacken, es gab Neun-Kräuter-Suppe aus Lauch, Schnittlauch, Basilikum, Kresse, Sauerampfer, jungen Brennnesselblättern, Rapunzel, Löwenzahnblättern, Petersilie und Kartoffeln. Die Kräuter erinnern daran, welch heilende und gesunde Pflanzen im Garten wachsen. Auch die Germanen aßen an diesem Tag etwas Grünes: grünen Kohl mit Nesseln zu Ehren ihres Donnergottes Thor. Der Gründonnerstag war auch als Sätag sehr beliebt. Man erhoffte sich von diesem Tag einen besonderen Segen für seine Saaten.

Grün-Sammlung

Wir schauen uns in der Frühlingsnatur um und versuchen, möglichst viele verschiedene grüne Dinge zu sammeln. Das können z. B. Blätter, Stängel, Gräser, Nadeln, Fruchtansätze, Blüten, Halme oder Ranken sein. Mit unserem Sammelgut eröffnen wir in Körben, Kisten oder auf schönem Papier ein Grün-Museum.

Im Grünen versteckt

In frischem grünen Laub oder Gras verstecken wir in einem vorher begrenzten Bereich fünf grüne Gegenstände, z. B. einen Legostein, einen kleinen Spielzeugfrosch, einen Gummiball, ein Zopfgummi, einen grünen Papierschnipsel. Dann laufen alle Kinder gleichzeitig los und versuchen, die Gegenstände zu finden. Wer einen entdeckt hat, lässt ihn an seinem Platz liegen, läuft zur Spielleiterin und sagt, was er gefunden habt. Wer hat zuerst alle fünf Gegenstände enttarnt?

Grün-Mischungen

Lustvolles Mischen und Matschen im Grünen ist angesagt! Mit Händen, Fingern oder dem Pinsel mischen wir individuelle Grüntöne. Dazu stellen wir grüne Finger- oder Temperafarben bereit, die untereinander oder mit Schwarz, Blau, Braun oder Gelb zu neuen Farbtönen vermischt werden können. Mit

Gras-Aquarelle

Festes weißes Papier besprühen wir mit einem feinen Wassernebel aus der Blumenspritze und reiben anschließend mit einem Büschel frisch gerupftem Gras kräftig über die feuchte Fläche. Beim Reiben gibt das Gras seinen grünen Farbstoff an das Papier ab, es entstehen „Grasflecken", die wir mit Farbe in eine Wiese verwandeln können: bunte Tupfen und Sprenkel als Blumen, Fingerstempel als Käfer, kleine bunte Papierschnipsel als Schmetterlinge.

Es duftet so grün

Auch wenn Kinder die vielen unterschiedlichen Kräuter noch nicht probieren mögen, sollten wir sie ihnen zum Betrachten, Riechen und Befühlen anbieten. Kräuter, eigenhändig gepflückt und zwischen den Fingern zerrieben, färben die Finger grün und es entfaltet sich ein intensiver Kräuterduft. Es ist bestimmt ein Geruch dabei, der zum Kosten anregt! Vielleicht schmeckt Kindern der säuerlich-frische Sauerampfer oder die feinen Schnittlauchhalme mit ihrem würzig herzhaften Geruch, durch die man hindurchpusten kann, wenn man die Spitze abbeißt?

den neu entstandenen Farben lassen wir auf einem großen Bogen Papier oder einem alten Bettlaken eine frühlingsfrische Komposition als Gemeinschaftswerk entstehen.

Salzmalen

Ein weißes Blatt Papier bestreichen wir großzügig mit dünnflüssiger Wasser- oder Temperafarbe in verschiedenen Grüntönen. Auf die noch feuchte Farbe lassen wir mit der Hand oder mit Hilfe eines Salzstreuers Salzkörner rieseln und beobachten, welch bizarre Gebilde auf der Farbe entstehen. Was könnte das sein? Ist es vielleicht Aurora, die Wiesenelfe, die gerade zum Wiesenfest aufbricht oder ist es Papageno, der auf seiner Flöte ein kleines Liedchen für die Wiesenbewohner spielt? Wenn die Farbe getrocknet ist, schütten wir das überschüssige Salz einfach vom Blatt.

Kräuterfrittata vom Blech

(Rezept für 4 Personen.) Den Backofen auf 250° (bei Umluft nur 220°) vorheizen. Ein Backblech gut mit Öl oder Margarine einfetten und im Ofen etwa fünf Minuten warm werden lassen. In der Zwischenzeit 8 Eier mit 3 Esslöffeln Milch verquirlen. Verschiedene kleingehackte Kräuter unterrühren, z. B. Petersilie, Kerbel, Sauerampfer, Lauch, Schnittlauch, Basilikum. Die Eiermilch auf das Blech gießen, im Ofen auf der oberen Schiene etwa 10 bis 15 Minuten backen. Heiß in Stücke schneiden und zusammen mit Brot oder Pellkartoffeln essen.

Das Fest im Frühling

Ostern wird am ersten Sonntag nach dem ersten Frühlingsvollmond gefeiert. Da der Hase als Mondtier gilt, gibt es schon hier eine erklärbare Verbindung zwischen den Osterbräuchen und der Bedeutung des Osterhasen. Hase und Ei symbolisieren zudem die Fruchtbarkeit, und da der Hase eines der ersten Tiere im Frühling ist, das Junge bekommt, ist er zum Sinnbild des Lebens geworden. Warum zu Ostern das Ei Hochsaison hat, dafür gibt es die praktische Erklärung des „Eierstaus" in der Fastenzeit. Nach den Fastenregeln war der Verzehr von Eiern in der Karwoche untersagt, wovon die Hennen natürlich nichts wussten und munter weiter Eier legten. In dieser Zeit entstand der Brauch, die gesammelten Eier zu bemalen, sie segnen zu lassen und an Ostern besonders viele Eier zu verzehren, damit sie nicht verderben. Seinen Namen soll das Osterfest von der altgermanischen Göttin der Morgenröte und des Frühlings, Ostara, haben, was sicher auch in Zusammenhang zur Himmelsrichtung Osten steht, von wo die Frühlingssonne immer höher steigt. An Ostern feiern wir das Leben und Wachsen der erwachten Natur. Wir begrüßen den Frühling mit lebendigen Bräuchen, die Lebenslust und Lebensfreude vermitteln. Alle Beschäftigungen rund um die Osterzeit tragen die Spannung der freudigen Erwartung in sich, und gerade in den immer wiederkehrenden Abläufen und symbolischen Aktivitäten rund um das vorösterliche Eierfärben, Backen und Basteln liegt besonders für Kinder ihre Verzauberung.

Wenn das Leben neu erwacht

Ostern

Ostervers

Ich gebe dir ein Osterei
als kleines Angedenken.
Und wenn du es nicht haben willst,
so kannst du es verschenken.

Volksgut

Bunte Ostereier

Schon vor ca. 5000 Jahren wurden in China und Ägypten Eier verschenkt. Früher färbte man nur rote Eier. Rot galt als die Farbe des Lebens und so wurde das rote Ei ein Symbol des Lebens. Heute leuchten unsere Ostereier in den buntesten Farben. Sie werden mit verschiedenen Techniken jedes Jahr aufs Neue liebevoll bemalt und geschmückt.

Überraschungseier selbst gemacht

Aus selbsthärtender Modelliermasse und Styroporeiern in verschiedenen Größen entstehen individuelle Überraschungseier. Mit einem Nudelholz rollen wir die Modelliermasse zu ca. 3 mm dicken Platten aus und legen diese um die Styroporeier herum. Die Übergänge und Ansatzstellen müssen gut verstrichen werden. Ist das ganze Ei eingehüllt, zeichnen wir mit einem Zahnstocher eine Linie an, an dem unser Ei später geöffnet werden kann, und ziehen

dann diese Linie mit einem scharfen Küchenmesser oder Cutter nach. Das Ei können wir nun noch mit kleinen Mustern und Ornamenten verzieren, dann muss es mindestens zwei Tage lang trocknen. Vorsichtig lösen wir die getrocknete Modelliermasse vom Styroporei und fertig ist unser Ei, das nur darauf wartet, mit einer kleinen Überraschung gefüllt zu werden.

Relief-Eier

Wir streichen Watte- oder Plastikeier mit Kleister ein und wickeln eine Kordel um das ganze Ei. Dann überkleben wir Kordel und Ei mit Schnipseln von weißem Seidenpapier, buntem Geschenkpapier oder bunten Servietten und lassen alles gut durchtrocknen. Mit Gold oder einer anderen Farbe können wir auf dem Ei noch Akzente setzen, indem wir die überkleisterte Kordel betonen. In Nestern mit frischem Gras oder Heu lassen sich die Eier schön arrangieren, kunterbunt durcheinander oder nach Farben sortiert.

Ostereier filzen

Filzen hat eine lange Tradition. Es ist ein sinnliches Handwerk, bei dem Kinder durch das Wechselspiel von weich und hart, trocken und nass, heiß und kalt beim Filzprozess sinnliche Tasterfahrungen sammeln können. Wir beginnen unsere Ostereier, indem wir entweder nasses Zeitungspapier zusammenknüllen und zu einem Ei formen, oder wir nutzen schon fertige Ei-Rohlinge aus Plastik oder Styropor. Dann zupfen die Kinder farbige Märchenwolle in verschiedenen Farben zurecht und wickeln sie nach eigenen Mustern locker um ihr Ei herum. Nun müssen wir ein Stück Kernseife mit der Käsereibe grob raspeln und mit heißem Wasser zu einem Brei vermischen. Mit der entstandenen Seifenlauge besprühen wir unser noch sehr weiches Märchenwollei, bis es gut durchtränkt und seifig ist. Jetzt können wir die glitschige Seife ausgiebig in die Wollfasern einmassieren. Die Wollfasern beginnen sich zu verfilzen und das Ei wird immer fester. Wenn sich die Wollfasern ineinander gefilzt haben, können wir mit dem Walken beginnen. Walken heißt, dass wir unser Ei auf einem rauen Untergrund (z. B. auf einem alten Waschbrett) kräftig rollen. Die Wolle schrumpft und härtet sich zugleich, sie legt sich immer fester um den Rohling. Zum Schluss waschen wir die Seifenreste mit kaltem, klaren Wasser aus und lassen unser Wollei trocknen. Das gefilzte Ei aus Märchenwolle weckt in den Händen der Kinder sicherlich immer wieder ein sinnliches Wohlgefühl und schmückt unsere Osternester in leuchtenden Farben.

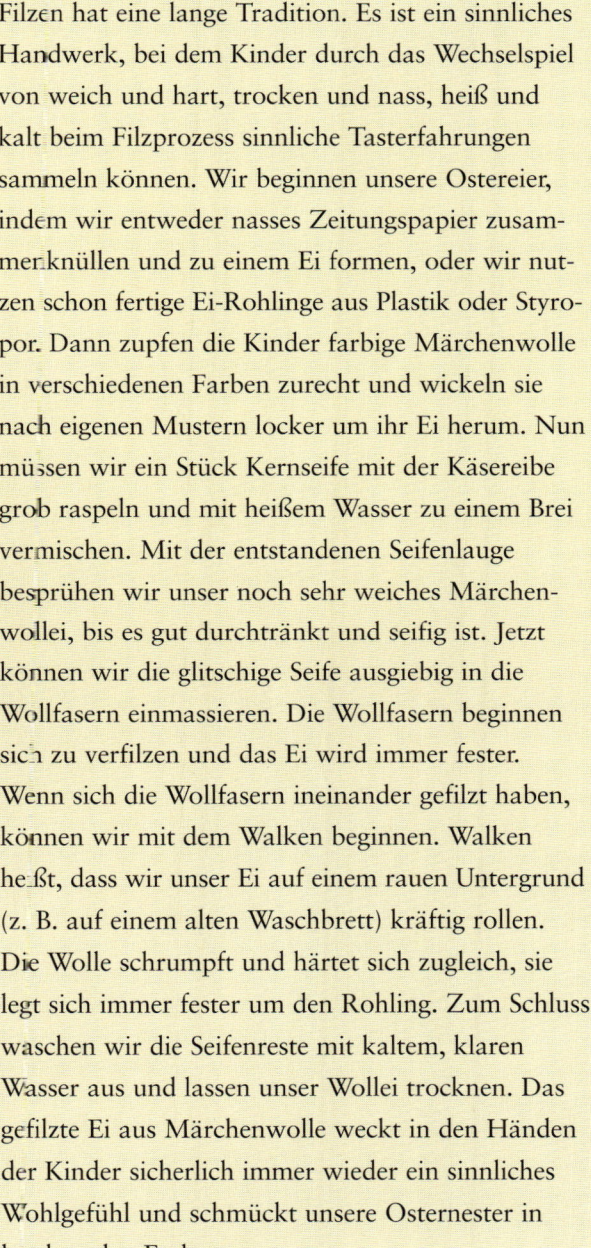

Die Ostereier-Zauberei

Es war einmal ein besonderer Osterhase, der hieß Schnüffel. Schnüffel liebte den Zirkus und er war sicher der einzige Osterhase weit und breit, der mit Ostereiern und Pinseln gleichzeitig jonglieren konnte. Während die anderen Hasenkinder noch in ihren kuscheligen Erdhöhlen schliefen, übte Schnüffel schon fleißig seine Zirkuskunststücke.

Wiesentrampolin einen doppelten Salto schlagen. Die Hasenkinder waren begeistert, klatschten in ihre Hasenpfoten und riefen im Chor: „Schnüffelhase, eins, zwei, drei, zauber uns ein Osterei!" Nichts leichter als das, denn Schnüffel konnte jonglieren, Akrobatik, und zaubern konnte er auch. Er holte seinen schwarzen Zauberzylinder-

An einem schönen Frühlingsmorgen waren die Hasenkinder auf dem Weg in die Hasenschule. Da sahen sie von weitem so etwas wie einen hopsenden Ball mit langen Hasenohren durch die Luft fliegen. „Das kann nur Schnüffel sein", rief Hoppel, der Schnüffel an seinen langen, hellbraunen Ohren erkannt hatte. „Kommt, wir schauen, was Schnüffel macht!", rief Hoppel den anderen Hasenkindern zu. Als sie näher kamen, sahen sie Schnüffel auf dem

hut heraus, den er von seinem berühmten Großvater Hasenzampano geschenkt bekommen hatte. Er murmelte etwas von Möhrenfraß und Hasendreck – das war wohl ein geheimnisvoller Zauberspruch. Er zählte bis drei und wie von Zauberhand war der Zylinderhut plötzlich bis an den Rand mit den schönsten Ostereiern gefüllt. „Wie schön angemalt!", riefen die Hasenkinder und Schnüffel verteilte die Ostereier großzügig. In der Hasenschule

38

merkte der Hasenlehrer Raubein überhaupt nichts, als die Hasenkinder ihm die Zaubereier zeigten. Er lobte sie alle für ihre schön bemalten Ostereier. Am nächsten Tag ging es wie am Tag zuvor. Die Hasenkinder bewunderten Schnüffels Kunststücke, klatschten in die Hasenpfoten, so laut sie konnten, und riefen im Chor: „Schnüffelhase, eins, zwei, drei, zauber uns ein Osterei!" Doch Schnüffel war ein schlauer Hase und fragte keck: „Was wollt ihr mir dafür geben, ihr faulen Hasen?" Hoppel, der Älteste, schlug vor, ihm jeden Tag Möhren zu besorgen, wenn Schnüffel weiter Ostereier für sie aus dem Zylinderhut zauberte. Schnüffel liebte Möhren und willigte ein. Auch an diesem Morgen merkte der Hasenlehrer Raubein nichts. Durch seine Brille, die er schief auf der Nase trug, betrachtete er die schön gemalten Ostereier und lobte die Hasenkinder für ihren Fleiß. Das ging eine ganze Woche lang so, bis der Lehrer Raubein sich doch langsam zu wundern begann. Schnüffel erschien ihm plötzlich immer dicker, was wohl von den vielen Belohnungs-Möhren kam. Die Hasenkinder aber machten in der Schule einen reichlich ungeschickten Eindruck. Obwohl sie doch immer so schön bemalte Eier brachten, stellten sie sich an, als hätten sie noch nie einen Pinsel in der Pfote gehabt. Manche von ihnen konnten noch nicht einmal die Farben gelb und rot auseinanderhalten! Hasenlehrer Raubein sah vielleicht ein wenig dumm aus, aber das war er überhaupt nicht. So machte er sich eines Nachmittags auf den Weg zum Wiesengrund, Ecke Mauseloch, wo Schnüffel wohnte. Was sahen seine Hasenaugen durch die kluge Lehrerbrille? 13 Hasenkinder hockten auf der Wiese um einen schwarzen Zauberzylinder und übten die Ostereierzauberei. Sie sprachen alle zusammen Schnüffels Zauberspruch:

„Wir zählen nun bis eins, zwei, drei
und zaubern uns ein Osterei.
Möhrenfraß und Hasendreck,
krieg keinen Schreck!
Naseweise Hasenkinder –
voll Eier sei der Hutzylinder!"

Als sie den letzten Satz gesagt hatten, entdeckten sie Lehrer Raubein, der mit ernstem Gesicht und mit windschiefer Brille hinter ihnen stand. Sie bekamen einen solchen Schreck, dass der ganze Zaubertrick platzte und alle Eier, die schon im Zylinderhut lagen, mit einem Knall wie vom Erdboden verschwunden waren. Schnüffel jammerte und heulte: „Jetzt geht es nie mehr, niiie mehr! Das hat schon mein Großvater, der berühmte Hasenzampano, gesagt: „Wer beim Zaubern einen Schreck kriegt, verliert die Zauberkraft für immer!"
So richtig traurig über die verlorene Ostereierzauberei war aber niemand. Die Hasenkinder lernten jetzt endlich das Eierbemalen mit Farbe und Pinsel und sie hatten eine Menge Spaß beim Matschen und Schmieren mit Farbe. Schnüffel konnte im Malunterricht mit seinem Jongliergeschick glänzen. Mit drei Pinseln und drei Ostereiern gleichzeitig jonglieren, das machte ihm niemand nach. Am Abend vor Ostern waren alle Eier bunt angemalt. Die Hasenkinder rannten frühmorgens los, um ihre Eier für die Kinder zu verstecken. Alle, bis auf Schnüffel!
Wo war Schnüffel?
Wenn du am Ostermorgen ein rätselhaftes Ei entdeckst, das wie angeflogen plötzlich vor dir liegt, in deinem Bett vielleicht oder in deinem Schuh …
Dann kannst du sicher sein, dass Schnüffel das Zaubern doch nicht verlernt hat.

Regina Bestle-Körfer

Komm, lieber Mai

Sonnenreicher Wonnemonat

Der Höhepunkt des Frühlings

Der Mai ist mit seiner prallen Blütenfülle, seinem satten Grün und seiner unbändigen Lebenskraft der Höhepunkt des Frühlings. Er verkörpert Lust auf Wachstum und ungetrübte Sinnenfreude. Im Mai macht sogar der Regen schön und Kinder, die im Mairegen stehen, wachsen schneller, das besagt eine alte Weisheit. Nach altem Brauch ist die traditionelle Maifeier am 1. Mai eine Sieges- und Hochzeitsfeier für den Frühlingsgott, der die Erdgöttin aus der Winternacht befreit hat. Die Maiköniginnen erinnern an die befreite Erdgöttin und die Maigrafen aus dem Brauchtum mancher Gegenden an den Frühlingsgott. Die Kinder können sich als Maiköniginnen oder als Maigrafen mit Blütenkronen verkleiden.

Maikönige und Maiköniginnen befreien

Bei diesem Spiel stellt ein Kind den Winter dar, drei Kinder sind die Maigrafen, sie bekommen als Kennzeichen ein rotes Tuch umgebunden, und die restlichen Kinder sind Maiköniginnen und Maikönige. Nun versucht der Winter, die Maiköniginnen und Maikönige zu fangen. Wen der Winter berührt, der bleibt erstarrt stehen. Die Maigrafen können die gefangenen Maiköniginnen und Maikönige befreien (und auch einen anderen gefangenen Maigrafen), indem sie durch deren Beine kriechen.

Besonders für die Maigrafen ist das eine anstrengende Aufgabe, weil sie sich nicht alle vom Winter fangen lassen dürfen. Denn dann kann der Frühling bei uns nicht Einzug halten.

Maienbogen

Aus Stroh biegen wir einen Maienbogen, den wir mit einer Schnur in Form binden. An den beiden Enden stecken wir ihn in zwei Holzstäbe, die als Griffe dienen. Wir schmücken den Maienbogen mit selbst gebastelten Blumen, Blüten und bunten Bändern. Wir spielen darunter Tanz- und Singspiele. Den Maienbogen zu durchschreiten hat etwas Festliches und Königliches. Vielleicht können wir auch die Eltern im Mai durch unseren Blumenbogen schlüpfen lassen.

Maibogen-Singspiel

Wir können ein beliebtes, altes Kindersingspiel: „Machet auf das Tor" mit neuem Liedtext und mit unserem Maienbogen neu aufleben lassen.

40

Mailied

Machet auf das Tor, machet auf das Tor.
Lasst ein den Maiengrafen!
Was will er will er denn? (2x)
Er will den Winter strafen.
Was hat er denn getan? (2x)
Der Winter hat gestohlen,
der Sonne ihre Krone.

Zwei Kinder halten den Maienbogen in der Hand, die anderen Kinder durchschreiten ihn und singen das Lied. Beim letzten Liedwort gehen die Kinder mit dem Maienbogen in die Hocke. Das Kind, das vor dem Blumenbogen steht, wird jetzt leise gefragt, für welche Frühlingsblume es sich entscheidet - eine Blume vertritt die Engelchen und eine Blume die Bengelchen. Es stellt sich hinter das Kind, das die ausgewählte Blume vertritt. Zum Schluss wird das Geheimnis gelüftet, welche Kinder bei den Engelchen und welche bei den Bengelchen anstehen. Die Engelchen werden auf den Armen geschaukelt und die Bengelchen werden gerüttelt und geschüttelt.

Maibäume

Traditionell am 1. Mai werden Maibäume auf dem Dorf- oder Marktplatz oder auf einer Festwiese aufgestellt. Sie sind der Mittelpunkt des geselligen Treibens und führen die Menschen zusammen, die jetzt gerne draußen feiern und tanzen. Der Maibaum wird geschmückt mit Symbolen der Dorfgemeinschaft oder des Stadtteils, die den Maibaum für sich errichtet. Man findet Abbildungen von Handwerken, Tieren, Frauen, Männern, Kindern usw. und auf der Maibaumspitze einen Hahn, als Zeichen der Fruchtbarkeit.

Die Kinder haben sicherlich Freude daran, einen Kinder-Maibaum aufzustellen und ihn mit bunten Bändern und gebastelten Symbolen zu schmücken, die im Wind flatternd den Frühling begrüßen.

Wenn Kinder verschiedener Nationalität zusammenleben, kann der Maibaum auch mit Symbolen aus den verschiedenen Ländern geschmückt wird. Der Maibaum wird so zum Zeichen der Zusammengehörigkeit und Gemeinschaft.

Hinaus in den Mai

Vor langer Zeit wurden am 1. Mai feierliche Flur-Erkundungsgänge unternommen. Auch die Bauern wanderten hinaus auf ihre Felder, um nach dem Stand ihrer Saaten Ausschau zu halten. So hat das „Mai-Marschieren" schon eine lange Tradition, die wir mit den Kindern in einem Natur-Erkundungs-Spaziergang fortführen können. Vom „Mai-Marschieren" hungrig und durstig, stärken wir uns bei einem Maipicknick mit traditioneller, alkoholfreier Maibowle.

Kinder-Maibowle

Rezept: Holunder-Kribbelwasser
Zutaten: 10 Liter Wasser, 1 kg Zucker, 10 bis 15 gewaschene Dolden Holunderblüten, 45 g Zitronen- oder Weinsteinsäure, 2 in Scheiben geschnittene ungespritzte Zitronen

Zubereitung: Wasser mit dem Zucker aufkochen und wieder abkühlen lassen. Holunderblüten, Weinsteinsäure und Zitrone zugeben, zugedeckt 24 Stunden stehen lassen. Dann durch ein feines Sieb abseihen und probieren!

Von Kletterriesen und Pflanzenzwergen

Kindergärtner in Aktion

Vom Keimen und Wachsen

Wenn wir genau hinsehen und beobachten, wie Pflanzen wachsen und blühen, entdecken wir eine Welt voller Geheimnisse. Schon im winzigsten Samenkorn ist alles Notwendige für die ganze künftige Pflanze enthalten. In der festen Samenschale verpackt, ruht es sicher im Boden, um Kälte und Frost zu überstehen. Wenn es draußen langsam wärmer wird, kommt der Wachstumsprozess in Gang. Nur Erde, Wasser und Sonnenschein sind notwendig und der kleine Same entwickelt ganz von selbst Wurzeln, Stängel, Blätter, Blüten und Früchte.

Samen-Sammlung

Auf einem großen Tablett oder auf vielen kleinen Pflanzenuntersetzern legen wir eine Samensammlung an. Viele unserer heimischen Pflanzen haben ausgefallene und witzige Samen, z. B. die Ringelblume, die Kapuzinerkresse, der Kürbis, die Zucchini. Andere Samen sind so klein, dass man sie kaum sehen kann, z. B. Feldsalat- und Mohnsamen. Wir tragen viele Samen, die wir im Garten oder bei den Balkonpflanzen gesammelt haben, zusammen oder machen einen Ausflug zum Gärtner oder ins Gartencenter, wo es eine reiche Auswahl an heimischen und exotischen Samen gibt. Dann überlegen wir, welche Samen wir einsäen und beim Wachsen und Blühen beobachten wollen.

Richtungswachsen

Für dieses Experiment pflanzen wir eine Bohne in einen Blumentopf mit Erde, stellen den Topf an einen hellen Ort und halten die Erde feucht. Nach einigen Tagen zeigen sich grüne Spitzen. Der Bohnenkeimling beginnt zu wachsen. Er „weiß", wo unten und oben ist. Darum wächst er nach oben, die Wurzeln aber nach unten. Wir kippen den Topf um und beobachten, was mit dem Keimling passiert. Doch auch wenn der Topf schiefliegt, die Pflanze findet immer den Weg nach oben.

Wer wird Weltmeister im Wachsen?

Einige gleich große Blumentöpfe füllen wir mit Kompost- oder Blumenerde und legen verschiedene Hülsenfrüchte hinein, denen wir zuvor lustige Namen gegeben haben, z. B. Karoline Kichererbse, Susi Sojabohne, Erwin Erbse, Laurentia Linse und Fridolin Feuerbohne. Wir stellen die Töpfe auf eine

helle, nicht zu sonnige Fensterbank, halten sie feucht und beobachten genau: Wer zeigt zuerst eine grüne Spitze? Bei wem bildet sich zuerst das erste Blattpaar, die Keimblätter?

Himmelsstürmer

Nicht nur die Feuerbohne ist ein Schnellwachser, auch viele andere Samen entwickeln in kürzester Zeit erstaunlich viel Wachstumsenergie, etwa die rankende Sorte der Kapuzinerkresse, der Knöterich, eine richtige Schlingpflanze – oder die Wicken.

- Ins Beet, in Blumentöpfe oder Blumenkästen legen wir die Samen dieser Pflanzenarten, halten sie feucht und warten ab, bis sich das erste Grün zeigt. Unsere „Himmelsstürmer" brauchen schon bald ein Gitter oder eine Stange, an dem sie emporklettern können.
- Aus festem Draht von der Rolle formen wir z. B. die Silhouette eines Kindes nach. Dazu legt sich ein Kind auf den Boden, wir zeichnen seine Umrisse mit Kreide nach und biegen diesen Umriss dann mit Draht von der Rolle. Anschließend wird die Drahtsilhouette in den Boden gesteckt und mit Stöcken abgestützt, damit sie nicht beim ersten Windstoß umkippt!
- Wir können aber auch viele verschiedene kleinere Rankgitter aus Draht oder Hasendraht formen, z. B. Tiere, Buchstaben, Fantasiegebilde und sie in die Blumentöpfe und -kästen stecken.

Auf der Bohnenbank

An einem gemütlichen Sitzplatz im Grünen, an dem uns Rankpflanzen Schatten spenden, werden wir uns bestimmt sehr wohl fühlen. Eine geeignete Kletterpflanze für unsere Bohnenbank ist die schnell wachsende Feuerbohne. Mitte Mai - nach den Eisheiligen - legen wir die Bohnenkerne ca. 3 cm tief in große Töpfe, die wir um eine kleine Holzbank, um kleine Gartenstühle oder um Weinkisten herum anordnen und mit Holzstäben als Klettergerüst versehen. Schon nach kurzer Zeit beginnen die Bohnenkerne zu keimen und entwickeln schnell dichtbelaubte Ranken, die mit unglaublicher Geschwindigkeit ihr Stützgerüst umwickeln und überwuchern. Ebenso schnell bilden sich leuchtend rote Blüten und anschließend die Bohnen, die wir ab Anfang August ernten können.

Frische Köpfe aus altem Grün

Eine interessante Möglichkeit, zu einer Gemüsepflanze zu kommen, ist, den obersten Teil von Kohlrabi, Möhre oder Roter Beete abzuschneiden und mit einem Erde-Sand-Gemisch in einen Blumentopf zu pflanzen. Die Teile müssen bis auf einen winzigen Teil ganz von Erde bedeckt sein. Bald entwickeln sich Wurzeln und kleine Blätter beginnen zu sprießen.

Wachsende Hüte

Extravagante Hüte werden wir beim nächsten Fest im Frühling tragen! Alte Schulterpolster belegen wir mit Watte oder Rohwolle und umwickeln sie mit feinem Bindedraht. Wir befeuchten das Polster und streuen dann Kressesamen oder Streuweizen auf. Nach einigen Tagen beginnen die Samen zu keimen. Wir halten die kleinen Pflänzchen feucht und warten darauf, dass sie in die Höhe wachsen. Schon bald ist unser grüner Hut fertig. An den Seiten befestigen wir zwei Bänder, die wir am Kinn zusammenbinden. Wer hat den interessantesten Hut mit den größten Pflänzchen?

Knallrote Erdbeeren

Die süßen Frühlingsboten

Die köstliche Frühlingsfrucht

Im späten Frühling werden sie reif, die ersten Sorten der Erdbeere. Leuchtend rot und verlockend blitzen sie zwischen den saftig grünen Blättern hervor. Ausgereifte Erdbeeren haben ein hervorragendes Aroma, das schon nach wenigen Stunden nachlässt, deshalb sollten sie möglichst frisch gegessen werden. Und gesund sind sie auch: Erdbeeren enthalten mehr Vitamin C als Orangen, und schon 150 g decken den Tagesbedarf. Außerdem wirken sie entschlackend und entwässernd. Wohl dem, der eigene Erdbeeren im Garten oder auf dem Balkon hat!

Erdbeer-Terrassengärtchen

Verschieden große Blumentöpfe aus Ton füllen wir mit Blumenerde und stapeln sie in- und aufeinander zu einem terrassenförmigen, sich nach oben verjüngenden Turm. In die Erde setzen wir Erdbeerpflanzen vom Markt oder aus der Gärtnerei. Am besten eignen sich die kleinen Monatserdbeeren, sie blühen üppig, tragen reiche Frucht und schmecken sehr aromatisch, obwohl sie sehr klein sind. Unser Terrassengärtchen platzieren wir an einer sonnigen Stelle und gießen die kleinen Pflanzen regelmäßig. Wann werden die ersten Erdbeeren reif sein?

Erdbeer-Rausch

Eine Schüssel mit frischen Erdbeeren steht auf dem Tisch. Mit geschlossenen Augen versuchen wir, den feinen Geruch der Erdbeeren zu erschnuppern. Wonach riechen sie? Nach Sonne? Nach Wärme? Ein wenig süßlich? Wir öffnen die Augen und schauen die Erdbeeren an. Was sehen wir? Große und kleine Erdbeeren, die feinen grünen Blätter, die kleinen gelben Samen, die auf der Schale sitzen. Wir wählen eine Erdbeere aus und nehmen sie in unsere Hand. Wir fühlen die Unebenheit der Schale, die kleinen Samen, die Blätter. Wir schließen nochmal die Augen und stecken uns die Erdbeere in den Mund. Wie schmeckt sie? Welche sind am süßesten?

Erdbeer-Schlemm-Staffel

Wir bilden zwei oder drei Mannschaften und setzen uns mannschaftsweise auf Stühlen in einer Reihe nebeneinander. Jeder Mitspieler erhält einen Esslöffel. Der erste nimmt aus einer bereitstehenden Schüssel mit Erdbeeren eine heraus, legt sie auf seinen Löffel und gibt sie vorsichtig an seinen Nachbarn weiter. Am Ende der Reihe legt er sie wieder in eine Schüssel, erst dann darf die nächste Erdbeere ihren Weg über die Löffel beginnen. Sind alle Erdbeeren in der Zielschüssel angekommen, werden sie aufgeteilt und gegessen. Welche Mannschaft hat alle Erdbeeren am schnellsten weitergereicht und darf sich als erste aufs Schlemmen freuen?

Selbst gerührtes Erdbeer-Eis

Ein Kilo Erdbeeren waschen, trocken tupfen, zupfen und pürieren. Mit 2 bis 3 Esslöffeln Zitronensaft und zwei Päckchen Vanillezucker vermischen. Einen halben Liter Sahne steif schlagen und vorsichtig unter den Fruchtbrei rühren. Die Masse in Becher oder Eisdosen füllen und im Tiefkühlfach ca. 2 bis 3 Stunden gefrieren lassen; zwischendurch mehrmals kräftig umrühren, damit das Eis schön cremig wird.

Erdbeer-Bommel

Aus rotem Bast entstehen lustige Erdbeeren. Wir zeichnen auf Karton zwei Kreise von etwa 6 cm Durchmesser und schneiden sie aus. In die Mitte legen wir ein Fünfmarkstück, ziehen eine Linie drumherum und schneiden die Innenkreise aus. Wir legen die beiden Ringe aufeinander, fädeln ein langes Stück roten Bast in eine Stopfnadel, sodass er doppelt liegt. Wir umwickeln die Pappringe mit dem Bast so lange, bis das Loch in der Mitte fast geschlossen ist. Zwischen den Pappringen schneiden wir den Bast ringsum auseinander, ziehen einen Bastfaden durch und knoten ihn gut fest. Erst dann entfernen wir die Pappringe. Mit der Schere schneiden wir die Basterdbeere etwas in Form und schmücken sie mit einem echten grünen Erdbeerblatt oder wir schneiden ein Blatt aus Krepppapier. Auf Schnüre aufgefädelt, wird aus den Erdbeerbommeln eine fruchtige Gardine am Fenster!

Erdbeerstempel

Mit den Fruchtansätzen der Erdbeere, die wir vor dem Verspeisen aus der Erdbeere ziehen, können wir drucken wie mit einem Stempel. Meistens hängt noch genügend Erdbeersaft an diesem Fruchtansatz, den wir auf kleine Kärtchen drücken und so Muster entstehen lassen. Die bestempelten Kärtchen können wir dann noch mit gepressten und getrockneten Erdbeerblättern verzieren.

Obstschalen mit Erdbeeraufdruck

Eine Schüssel oder ein Suppenteller dient uns als Grundform und wird dünn mit Vaseline eingefettet. Dann kleben wir Zeitungspapierschnipsel mit Kleister in etwa 5 bis 7 Lagen auf die Grundform. Danach muss alles gut trocknen. Dann die Grundform vorsichtig lösen, den Pappmascheerand mit einer Schere sauber abschneiden, noch einmal mit Schnipseln und Kleister nachmodellieren und trocknen lassen. Nun können wir die Pappmaschee-Schale oder den Teller mit weißer Farbe grundieren und anmalen. Mit Hilfe einer Schablone oder eines Stempels werden zum Schluss Erdbeeren aufgedruckt oder frei Hand aufgemalt. Schließlich kann die Schale noch mit Klarlack lackiert werden.

45

5 Faszination Wasser

Es fällt als Regen vom Himmel, es füllt Pfützen, Teiche und Seen, es speist in ewigem Kreislauf Flüsse, Meere und Ozeane. Wasser ist immer und überall um uns herum.

Im Frühjahr begegnet uns das Wasser in Form von Regen und kräftigen Aprilschauern, im morgendlichen Tau auf den Wiesen und im Tosen und Rauschen der Bäche und Flüsse, die das Schmelzwasser aus den Bergen zum Meer transportieren. Kinder lieben es, dem Geheimnis des Wassers auf die Spur zu kommen. Wenn sie mit Wasser spielen, matschen und experimentieren, verschwindet die Welt um sie herum und sie sind ganz „in ihrem Element".

Experimente mit dem feuchten Nass

Regensammler

Wenn der Wetterbericht kräftigen Regen meldet, stellen wir draußen viele Eimer, Töpfe und Becher auf, um den Regen zu sammeln und herauszufinden, wie viel Wasser in einer bestimmten Zeit auf die Wiese, auf den Hof oder in den Garten fällt. Mit Hilfe eines Messbechers können wir die genaue Menge bestimmen. Mit dem gesammelten Regenwasser können wir spielen und an trockenen Tagen unsere Pflanzen versorgen.

Farbige Wassertropfen

Nach einem erfrischenden Frühlingsregen sind Wald und Wiese voll von geheimnisvollen Tropfen, die, wenn die Sonne auf sie scheint, in allen Regenbogenfarben glitzern und funkeln. Wir machen uns auf die Suche nach solchen Zaubertropfen und beobachten, wo sie sich gebildet haben oder wo sie hängengeblieben sind. Vielleicht in einem Spinnennetz, am frischen Grün der Lärchen- und Tannenzweige, an Grashalmen und an Blütenblättern?

Was Wasser alles kann

Wasser hat viele verschiedene Eigenschaften, die wir mit kleinen Versuchen entdecken und verstehen wollen.

 Wasser hat keine bestimmte Form, es kann alle möglichen Gestalten annehmen. Wir füllen Wasser in verschieden geformte Gegenstände des täglichen Lebens, z. B. Zahnputzbecher, Suppenteller, Flasche. Wir beobachten, wie das Wasser sich den Formen anpasst. Wasser kann aber auch die Gestalt einer Pfütze, eines Baches, eines Teiches annehmen.

 Wasser kann vergrößern. Wir füllen eine Glasschüssel oder ein Wasserglas mit Wasser und lassen kleine Gegenstände ins Wasser hineinplumpsen oder halten sie hinter das Glas. Was können wir beobachten?

 Vom Wasser werden Gegenstände oder auch wir getragen. Wir drücken eine geschlossene Flasche und einen kleinen Gummiball ins Wasser. Was geschieht? Das Wasser muss für die Flasche und den Ball Platz machen. Es wird verdrängt. Doch das Wasser wehrt sich gegen das Verdrängen, indem es mit seiner Kraft gegensteuert und die Gegenstände wieder nach oben drückt. Diese Kraft nennt man Auftrieb, sie hilft auch uns, auf dem Wasser zu schwimmen.

 Wasser kann Gegenstände aufweichen oder auflösen. Wir füllen zwei Einmachgläser mit Wasser; in das eine legen wir ein Stück Zeitungspapier, das wir in grobe Stücke gerissen haben, in das andere zwei Esslöffel Gartenerde. Was beobachten wir?

 Wasser lässt aufquellen. In Wassergläser legen wir einige getrocknete Bohnen oder Getreidekörner und lassen sie eine Stunde stehen. Was geschieht mit ihnen? Bohnen und Getreidekörner saugen sich mit Wasser voll und werden ganz dick. Im Frühling verhilft dieser Vorgang gemeinsam mit der Wärme der Sonne den Samen und Früchten, die in der Erde geruht haben, zum Keimen und Wachsen.

Tropfwasser

Wir tragen Materialien mit ganz unterschiedlicher Oberfläche zusammen: z.B. ein Papiertaschentuch, ein Stückchen Alufolie, eine Tonscherbe von einem Blumentopf, einen Gefrierbeutel, Sand, eine Spiegelscherbe, ein Löschblatt, ein Schwammtuch. Mit einer Pipette setzen wir vorsichtig einzelne Wassertropfen auf die verschiedenen Materialien und beobachten, was mit den Wassertropfen geschieht. Je glatter die Oberfläche eines Materials ist, um so mehr perlen die Wassertropfen ab. Je faseriger die Oberfläche ist, um so stärker werden die kleinen Wasserteilchen angezogen und aufgesogen.

47

Wasser marsch!

Blütenseen

Nach einem Frühlingsregen gehen wir auf Pfützensuche. Mit dem Blütenschnee, den Wind und Regen von den Obstbäumen und Ziersträuchern geweht haben, schmücken wir große und kleine Pfützen. Vielleicht treiben und schaukeln die Blütenblätter auf dem Wasser oder werden zum Wasserspielplatz für Pfützenseenixen und andere geheimnisvolle Wesen!

Wassergemälde

Wir füllen Plastiktüten oder Gefrierbeutel mit Wasser (am besten aus der Regentonne). Mit einer Stecknadel pieksen wir ein kleines Loch in den Beutel. Dann kann es losgehen. Wir spritzen mit dem Wasser Muster auf den Hof oder Gehweg, malen Bilder oder unsere Namen. Wir können uns auch mit dem Wasser in der Hand um uns selbst drehen, damit hüpfen, tanzen und dabei Wasserzeichen hinterlassen. Wenn wir zuvor den Asphalt mit Straßenkreide bunt bemalt haben, entstehen beim Wasserspritzen und Wasserhüpfen interessante Kunstwerke.

Wassergefüllte Plastikflaschen können wir offen einen Abhang hinunterrollen lassen und schauen, welche Wassermuster sie hinterlassen.

Wasserspielereien

Wasser – ein knappes Gut

Wasser steht uns nicht unbegrenzt zur Verfügung. Viele Regionen auf dieser Welt haben kaum genügend Trinkwasser. Für unsere Wasserspielereien können wir auch Wasser aus einer Regentonne nehmen oder in Schüsseln und Wannen Regenwasser sammeln.

Wasserschaukel

Auf alten Tapetenbahnen oder großen Packpapierbögen lassen wir ein bisschen Wasser hin- und herschaukeln. Besonders schön sieht das aus, wenn wir das Wasser vorher eingefärbt haben, z. B. mit Wasserfarbe. Wir fassen alle gemeinsam das große Stück Papier an, während ein Kind vorsichtig etwas gefärbtes Wasser mit einem Plastikbecher darauf schüttet. Dann beginnen wir, das Wasser hin und her und auf und ab zu schaukeln und lassen uns überraschen, welche Muster dabei entstehen. Bevor die Tapetenbahn oder der Packpapierbogen durchweicht ist und reißt, legen wir ihn an einen luftigen Ort zum Trocknen.

Wasserklavier

Verschieden große Glasflaschen füllen wir mit unterschiedlich viel Wasser, wickeln eine Halterung aus Draht oder fester Schnur um jeden Flaschenhals und hängen die Flaschen am Ast eines Baums oder an einer Stange auf.

Ergänzen können wir das Wasser-Klavier mit anderen Klanginstrumenten, z. B. Glöckchen, Triangel, Holzstäbe. Mit Holzschlägeln oder Stöcken bringen wir das Wasser-Klavier vorsichtig zum Klingen. Die unterschiedlich gefüllten Flaschen erzeugen unterschiedliche Tonhöhen, mit denen wir je nach Abstimmung sogar kleine Melodien spielen können. Die Tonhöhe jeder Flasche können wir verändern, indem wir Wasser nachgießen oder ausschütten.

Wasserbeutelstaffel

Wir füllen einen Gefrierbeutel mit Wasser und knoten ihn fest zu. Dann setzen wir uns mit nackten Füßen im Kreis zusammen und reichen den Wasserbeutel von Kind zu Kind, von Fuß zu Fuß weiter. Schaffen wir es, den Beutel einmal im Kreis herumzureichen, ohne dass er platzt und das Wasser über unsere Füße fließt?

In einer zweiten Spielrunde stellen wir uns in einer Reihe nebeneinander, nehmen den Wasserbeutel auf die rechte flach ausgestreckte Hand und lassen ihn dann von Hand zu Hand weiterwandern.

Wackelpudding

In die Öffnung eines Luftballons stecken wir eine kleine Wasserbombe, füllen sie mit etwas Wasser und knoten sie gut zu. Dann lassen wir sie in den Luftballon hineinrutschen und pusten den Luftballon auf. Auf diese Weise erhalten wir einen Wasserball mit interessanten Flugeigenschaften!
Wir stellen uns in einem Kreis auf - am besten auf einer Wiese - werfen uns den Luftballon gegenseitig zu und versuchen, ihn trotz seines Gewackels aufzufangen. Eine andere Spielvariante ist, den Wackelpudding-Ballon auf ein Badehandtuch zu legen, das zwei Kinder festhalten. Auf Kommando werfen sie mit Hilfe des Handtuchs den Ball etwas in die Höhe. Zwei weitere Mitspieler müssen versuchen, den Ballon ebenfalls mit einem Handtuch aufzufangen.

Wasserschütten

Auf einem Tablett stehen verschieden hohe Gläser und eine Kanne mit Wasser. Zunächst schütten wir mit offenen Augen Wasser in eines der Gläser. Das klappt natürlich sofort! Dann schließen wir unsere Augen oder verbinden sie mit einem Tuch und versuchen jetzt, Wasser in ein Glas zu schütten, ohne dass es überläuft oder nur halb gefüllt ist. Dabei müssen wir unseren Ohren und unserem Gefühl trauen. Wenn dieses Spiel draußen oder in einer Plastikwanne gespielt wird, ist es nicht schlimm, wenn mal was danebengeht.

49

Brunnenhexe, krieg mich doch!

Spiele am Brunnen

Ein Zentrum des Dorflebens

In früheren Zeiten hatten die Menschen zum Brunnen, der ihnen das lebenswichtige Wasser zur Verfügung stellte, einen so engen Bezug, dass im Frühjahr traditionell Brunnenfeste gefeiert wurden. Der Brunnen wurde von der Dorfgemeinschaft gereinigt, und jedes Jahr wählten alle einen Brunnenmeister, der die verantwortungsvolle Aufgabe hatte, den Brunnen zu bewachen. Die Mädchen gingen in der Osternacht zum Brunnen und wuschen sich ausgiebig. Sie glaubten, dass sie sich mit dem Brunnenwasser der Osternacht ewig jung und schön waschen könnten. Brunnen machten den Menschen das Wasser aus der Tiefe verfügbar, und so konnten sie Wasser auch dort schöpfen, wo es keine Flüsse oder Bäche gab.

Brunnen bauen

Jedes Kind formt einen Brunnen mit einer Hand und wir versuchen gemeinsam, einen sehr tiefen Brunnen aus vielen Kinderhänden zu bauen. Wir beginnen unten auf dem Boden und stellen Brunnen auf Brunnen. Vielleicht können wir auch einen Stuhl benutzen, um noch höher zu bauen. Wer mag von oben in unseren Brunnen schauen? Wie tief ist er? Ist der Boden noch zu erkennen? Wenn wir die Brunnenhexe schreien hören, fällt der ganze Brunnenturm auseinander.

Am Brunnenrand

Vielleicht können Sie mit den Kindern ein altes Kloster oder einen Kircheninnenhof mit alter Brunnenanlage in Ihrer Nähe besichtigen. Am Brunnenrand zu hocken hat etwas Geheimnisvolles und weckt viele Fragen: Wie tief mag der Brunnen sein? Wie lange braucht ein Stein, bis wir den Plumps ins Wasser hören? Wie tief ist das Wasser im Brunnen? Leben dort unten Brunnengeister? Wenn wir in den Brunnenschacht rufen und den Hall unserer Stimmen hören, klingt das schon ein wenig unheimlich und geisterhaft.

- Beim Blick in die Tiefe eines Brunnens spiegelt sich vielleicht der blaue Himmel mit seinen Wolken im Brunnenwasser. Spiegeln sich auch unsere Gesichter im Wasser?
- Am Brunnenrand hockend, können wir den Kindern das bekannteste Brunnenmärchen der Gebrüder Grimm, Frau Holle, erzählen oder vorlesen. Das Märchen von Frau Holle fasziniert Kinder vor allem, weil der Sprung der Mädchen in den Brunnen, um die Spule wieder zurückzuholen, ihnen zwar den Atem stocken lässt. Doch danach eröffnet sich eine fantastische, schöne Welt in der Tiefe des Wassers. Frau Holle ist die gute Brunnenhexe, die das Gute belohnt und das Schlechte bestraft.

50

Brunnenhexe, wie tief ist dein Brunnen?

Ein Kind ist Brunnenhexe und steht in einem Kinderplanschbecken, das mit vielen Schaumstoffbällen gefüllt ist. Die anderen Kinder stehen in einem vorher markierten Abstand im Kreis um das Becken herum. Die Kinder rufen: „Brunnenhexe, wie tief ist dein Brunnen?" Die Brunnenhexe darf sich eine Zahl ausdenken. Sie antwortet: „Hundert Meter tief!" Die Kinder rufen: „Brunnenhexe, wann kommst du herauf?" Die Brunnenhexe antwortet mit einer Aufgabe: „Wenn ihr auf einem Bein hüpft!" Die Kinder beginnen, auf einem Bein im Kreis zu hüpfen und die Brunnenhexe versucht die Kinder mit den weichen Bällen zu treffen. Jedes getroffene Kind steigt zu der Brunnenhexe in den Brunnen und hilft in der nächsten Runde beim Werfen.

Ein Brunnenhexenfingerspiel

Auf den Zeigefinger der rechten Hand stecken wir eine Wattekugel mit aufgemaltem Hexengesicht und mit einem kleinen Kopftuch. Die Hexenhand verstecken wir unter dem Tisch oder in der Jackentasche. Die linke Hand formen wir zu einem Brunnen und fordern die Kinder auf, einmal in den Brunnen hinein zu schauen: „Glaubt ihr, dass dort unten im Brunnen eine Brunnenhexe wohnt? Nein? Dann ruft sie doch einmal." Die Kinder rufen: „Brunnenhexe, krieg mich doch, ich schaue in dein Brunnenloch!" Die Hexe schiebt sich von unten durch das Brunnenloch der linken Hand ganz schnell nach oben und versucht, die Kinder mit einem lauten Schrei zu erschrecken. Wer möchte einmal den Hexenkopf auf den eigenen Finger setzen und durch den Fingerbrunnen nach oben springen?

Die Brunnenhexe wecken

Die Brunnenhexe schläft den lieben, langen Tag im Brunnen mit ihrer Kröte. Sie kann nicht gut sehen, weil tief unten in den Brunnen kein Tageslicht fällt. Aber die Brunnenhexe kann sehr gut hören. Wenn ihr jemand ein Steinchen in den Brunnen wirft, wird sie hexenwild und taucht aus dem Brunnen auf. Ein Kind ist Brunnenhexe und sitzt mit verbundenen Augen in der Kreismitte. Ein anderes Kind darf sich anschleichen und in eine umgedrehte Handtrommel kleine Steine fallen lassen. Die Brunnenhexe hört genau hin und zeigt mit dem Finger in die Richtung, wo sie die Steine hat fallen hören. Hat sie richtig gehört, werden die Rollen getauscht.

Mit dem Schirm in der Hand

Der April macht, was er will

April-Regenschirm-Tanz

Jedes Kind verziert vor dem Regenschirmtanz seinen Regenschirm mit selbst gebastelten Regentropfen. Dazu werden Tropfen in verschiedenen Größen auf hellblauen Tonkarton oder auf dickeren normalen Karton, der hellblau bemalt wird, gezeichnet und ausgeschnitten. Sie werden auf eine Schnur aufgefädelt und mit einer Wäscheklammer am Regenschirmrand befestigt. Da es im April auch Schnee- und Hagelschauer geben kann, fädeln die Kinder auch Wattekugeln als Schneeflocken und geknüllte Papierkugeln als Hagelkörner auf eine Schnur, die auf gleiche Weise am Regenschirmrand befestigt werden. Sonne und Wolken wechseln sich im Apri schnell ab, und so bekommt jeder Regenschirm noch wippende Wolken und eine tanzende gelbe Sonne, beides ebenfalls aus Karton gefertigt, angehängt.

Alle Kinder stehen mit ihren verzierten Regenschirmen im Kreis, beginnen gemeinsam den folgenden Sprechgesang und gehen dazu langsam im Kreis.

Sprechrefrain: Im April, im April, macht Aprillo, was er will.

(Der Sprechrefrain wird zwischen jeder Strophe wiederholt.)

💧 Kli-kla-klopfen, schickt er Regentropfen!

Die Kinder hüpfen auf einem Bein im Kreis.

💧 Spring-Sprung-Spargel, schickt er dicken Hagel!

Alle Kinder stampfen zum Sprechgesang in die Kreismitte und zurück.

April-Flaschendrehen

Wir schicken uns gegenseitig mit lustigen April-Scherz-Fragen in den April. Woher dieser Brauch kommt, ist ungeklärt, aber er könnte mit den Wetterlaunen des April zusammenhängen.

Während sich die Flasche in der Kreismitte dreht, stellen wir lustige Fragen, z. B.:

💧 Wer putzt sich mit Kartoffelpüree die Zähne?

💧 Wer badet gerne in Schneckenschleim?

💧 Wer schläft gerne auf einem Nagelkissen?

💧 Wer ist schon einmal mit einem Fisch um die Wette geschwommen?

💧 Wer hat schon einmal einen Frosch geküsst?

Auf wen der Flaschenhals zeigt, der darf als Nächster die Flasche drehen und sich eine Frage ausdenken.

💧 Ritz-ratz-ritz, schickt er einen Blitz!
Die Kinder laufen bei „ritz-ratz-ritz" schnell in die Kreismitte. Sie müssen bei „Blitz" wieder zurück und auf ihrem Platz stehen.

💧 Gi-ga-geschwind, schickt er wilden Wind!
Die Kinder bringen durch Pusten Regentropfen, Hagelkörner und Schneeflocken in Bewegung oder laufen schnell im Kreis, dass der Schirmschmuck flattert.

💧 Wub-wib-wee, schickt er weißen Schnee!
Die Kinder heben ihre Schirme hoch in die Luft und lassen sie sanft sinken wie schwebende Schneeflocken.

Aprillo, der Wolkendrache

Wenn das Wetter im April seine Launen zeigt, dann ist dafür Aprillo, der Wolkendrache, verantwortlich, der mit einem unerschöpflichen Vorrat an Regen, Hagel und Schnee weit oben hinter den Wolken lebt. In einer Klanggeschichte mit Instrumenten erwecken wir Aprillo, den Wolkendrachen, zu musikalischem Leben.

An einem klaren Frühlingsmorgen im April zwitschert die Amsel ihr erstes Frühlingslied. (Auf einer Flöte trillern.) Die Sonne erscheint am Osthimmel. Sie schickt ihre wärmenden Frühlingsstrahlen auf die Erde. (Auf einem Glockenspiel die Tonleiter auf und ab spielen.) Die Sonne kitzelt die Blumen aus ihrem Winterschlaf. Sie recken und strecken ihre Blütenköpfe zum Licht und öffnen sich sehr langsam. (Das Öffnen der Blumen mit Glöckchen spielen.) Eine kleine Haselmaus wird von der Sonne wachgekitzelt. Sie huscht verschlafen durch das feuchte Gras. (Mit der flachen Hand über eine Handtrommel reiben.) Die Sonne lockt auch die Kinder zum Hüpfekästchenspringen nach draußen. (Auf einem

Xylophon hüpfen die Schlägel auf und ab.) Doch was ist das? Ein tiefes Knurren und Brummen ertönt aus den Wolken. (Über eine Trommel mit den Fingerspitzen kribbeln.). Das Knurren wird immer lauter und plötzlich springt ein wilder Drache mit grün funkelnden unfreundlichen Augen und einer langen roten Drachenzunge über den Frühlingshimmel. Es ist Aprillo, der Wolkendrache. Vor Schreck verschließen die Blumen ihre Blütenköpfe (Glöckchen), die Haselmaus huscht ins nächste Erdloch hinein (Handtrommel). Die Kinder hüpfen schnell nach Hause (Xylophon). Das Lied der Amsel klingt plötzlich sehr aufgeregt (Flöte). Die Sonne hat Aprillo aus seinem Wolkenwinterschlaf geweckt und das kann Aprillo überhaupt nicht leiden. Wutschnaubend springt er über den Himmel. Er stößt aus seinem Drachenmaul einen wirbeligen Atemsturm und dunkle Gewitterwolken treiben an den blauen Frühlingshimmel. (Auf die Trommel wilde Trommelschläge hämmern.) Aus seinem riesigen Wolkendrachenmaul stürzen Regenfluten auf die Erde nieder. (Becken aneinander schlagen.) Doch damit nicht genug. Sein Drachenzorn ist noch nicht verraucht. Der Regen ist in seinem Drachenmaul gefroren und nun spuckt er Hagelkörner auf die Erde, dass es nur so knallt. (Holzstäbe aneinander schlagen.) Doch dann ist Aprillo erschöpft. Er legt sich auf seine müde Drachenhaut, seufzt tief und schnarcht. Der Himmel beruhigt sich wieder und die Sonne traut sich langsam hinter einer Wolke hervor. (Glockenspiel) Auch die Blumen, die kleine Haselmaus und die Kinder trauen sich wieder hinaus in den Frühling. Und die Amsel? Sie zwitschert ein Schlaflied für Aprillo, der hoffentlich nicht so schnell wieder erwacht!

Regina Bestle-Körfer

53

Bachgeflüster

Entdeckungen am Bach

Orte der Erholung

Am Ende der letzten Eiszeit blieb eine schillernde Welt von Quellen, Bächen und Flüssen zurück, die unser Land wie ein Netz überzieht und uns viele Gelegenheiten gibt, dem Wasser als Urelement nahe zu kommen. Die Gebirgsbäche hoch oben in den Bergen werden aus zahllosen Quellen und vom Schmelzwasser gespeist. Sie sind kalt und wild. In den Tälern fließen die Wildbäche zusammen. Ihr Wasser wird ruhiger und erwärmt sich langsam. Hier finden verschiedene Tierarten einen Platz zum Leben. Bäche und Flussufer sind für uns Orte der Entspannung und der Stille. Es sind besonders eindringliche Plätze, eine unergründliche und geheimnisvolle Wasserwelt. Bäche bieten ein sich immer wiederholendes und dennoch abwechslungsreiches Schauspiel, ein Wechselspiel der Naturkräfte zwischen Sonne und Schatten, Wind und Regen. In der Wasseroberfläche spiegeln sich die vorüberziehenden Wolken und die sich sanft im Wind wiegenden Pflanzen und Bäume. Wir vernehmen das leise oder kräftige Plätschern, das Summen von Insekten, Vogelgezwitscher. Schnell kann sich dieses Bild aber ändern. Nach ausgiebigen Regenfällen oder starker Schneeschmelze tritt ein anderer Wesenszug des Wassers zu Tage und wir erleben es wild, unbändig und manchmal sogar zerstörerisch.

Spaziergang am Bach

Vielleicht gibt es in der nahen Umgebung einen Bach oder ein kleines Flüsschen, zu dem wir spazieren oder wandern können. Mit allen Sinnen wollen wir etwas vom Bach erfahren, spielen und Spaß haben.

 Wir hocken uns am Ufer nieder, werden einen Moment ganz still und lauschen, was der Bach uns zuflüstert. Was hören wir?

 Wir beobachten, wie der Bach fließt. Geradeaus oder in vielen kleinen und großen Windungen? Fließt er schnell oder langsam?

 Wir fassen mit den Händen ins Wasser. Spüren wir die Kühle des Wassers, das Fließen und Strömen?

 Wenn die Witterung es schon zulässt, ziehen wir Schuhe und Strümpfe aus und fühlen an einer seichten Stelle, wie kalt das Wasser ist, mit welcher Kraft oder mit welcher Ruhe es um unsere Knöchel strömt.

 Wir versuchen, das Wasser des Baches zu stauen. Mit Steinen, Stöcken, Schlamm, Laub, Sand halten wir den Lauf des Wassers auf oder leiten ihn um.

Wer findet den Wasserfloh?

Bäche bieten vielen Tieren und Kleinstlebewesen Lebensraum. Wir suchen am Bach eine flache Stelle. Mit Gummistiefeln können wir auch in den Bach hineinsteigen, doch sollte dann immer ein Erwachsener in direkter Nähe sein. Wir passen auf, wohin wir unsere Füße setzen, besonders von Algen überzogene Steine können sehr glitschig sein! Zuerst schauen wir, ob wir mit bloßem Auge Tiere entdecken können, z. B. kleine Fische. Dann gehen wir mit einem Marmeladenglas, einem kleinen Haushaltssieb und einem feinen Haarpinsel ausgerüstet los und versuchen, Wasserbewohner aufzuspüren. Mit dem Pinsel können wir sehr kleine Tierchen vorsichtig aus dem Sieb nehmen und sie am Wasserglas abstreichen. Bei der Suche nach Kleinstlebewesen schauen wir am besten an Stellen nach, an denen der Bach nur wenig Strömung hat. Außerdem lohnt es sich, im Wasser unter Steinen zu gucken oder mit dem Sieb in kleine Höhlen am Ufer oder unter Wasserpflanzen zu fahren. Welche Tiere und Tierchen haben wir gefunden? Vielleicht kleine Würmer, einen Egel, Wasserflöhe oder die Larve einer Köcherfliege? Nach eingehender Beobachtung schütten wir das Wasser mit allem, was darin lebt, wieder in den Bach.

Wasserrad

Mit einem dicken Nagel durchbohren wir vorsichtig einen Korken und stecken einen Holzspieß (Schaschlikspieß) hindurch. Rundum ritzen wir den Korken mit einem scharfen Messer mehrmals ein und klemmen Eisstiele oder andere flache Hölzchen als kleine Schaufelblätter in die Ritzen. Das Durchbohren und Einritzen wird am besten von einem Erwachsenen übernommen. Nun suchen wir eine Astgabel, die groß genug ist, unser Wasserrad zu fassen. Die Gabeln werden an den Enden eingekerbt, sodass sich der Holzspieß auflegen und drehen lässt. Die Astgabel stecken wir an einer flachen Stelle ins Bachbett und legen das Wasserrad darauf. Wir schauen, ob sich das Wasserrad dreht, eventuell müssen wir die Position der Astgabeln noch etwas verändern.

Wasserreise

Das Wasser im Bach fließt an verschiedenen Stellen mit unterschiedlicher Geschwindigkeit. Um das besser beobachten zu können, sammeln wir kleine Stöcke, Rindenstücke oder Tannenzapfen, werfen sie in den Bach und begleiten sie am Ufer ein Stück auf ihrer Reise. Auf einem Stück Baumrinde können wir einen kleinen Bachwichtel (aus Tannenzapfen, Grashalmen, Blättern u. ä.) auf die Wasserreise schicken und schauen, wie sein Boot schaukelt, kreiselt, in Wellenlinien fährt, ans Ufer stößt ...
Welchem Bachwichtel gelingt die weiteste Reise?

55

Ein Frühlingsfest am Bach

Ein Tag voller Rauschen und Plätschern

Eine besondere Idee

Wenn die Tage länger werden und es draußen wieder angenehm warm wird, beginnt die Zeit der Feste. Warum nicht einmal zu einem Frühlingsfest an den Bach einladen? Nach der kühlen und dunklen Winterzeit genießen es unsere Sinne, einen hellen, warmen Tag oder Nachmittag lang draußen zu sein. Gemeinsam können Eltern und Kinder, Große und Kleine auf Entdeckungsreise gehen, spielen, Abenteuer bestehen, werkeln und kreativ sein. Für den äußeren Rahmen des Festes – Einladung, Getränke und Kulinarisches – sind der Fantasie keine Grenzen gesetzt. Eine Besonderheit gilt es jedoch bei einem Bachfest im Voraus bekannt zu geben: Alle sollten Gummistiefel tragen!

Zu Beginn des Bachfestes werden alle Gäste in kleine Gruppen aufgeteilt, Eltern und Kinder bunt gemischt. Jede Gruppe sollte etwa 4 bis 8 Mitspieler haben. Dann kann es losgehen. Manche Spiele sind als Wettspiele angelegt, bei anderen kommt es mehr darauf an, gemeinsam etwas zu gestalten.

Wasserschöpfen

Jede Gruppe erhält einen Eimer, den sie bis zum Rand mit Bachwasser füllen soll. Jedoch darf das Wasser nur mit Hilfe der Hände geschöpft und in den Eimer gefüllt werden. Welche Gruppe ist am schnellsten fertig?

Spritzspiele

Kleine und große Eimer, Gießkannen, Blumenspritzen, gelöcherte Jogurtbecher und alle möglichen anderen Gefäße werden mit Wasser gefüllt. Dann stellen wir uns in einer Reihe an das Bachufer oder auf einen Steg und inszenieren Wasserspritzereien. Wir schütten alle gleichzeitig unsere Eimer aus, lassen nacheinander das Wasser aus den Gießkannen

plätschern, zerstäuben Wasser zu feinem Nebel mit den Blumenspritzen oder lassen Wasser in feinem Strahl aus den Jogurtbechern fließen.

Floßbau

Aus kleinen Ästchen, Holzstücken und Schnur bauen wir kleine Flöße. Jedes Floß bekommt einen Passagier, der aus Naturmaterialien, das am Bachufer zu finden ist, gebastelt werden kann. Im Anschluss werden alle Flöße gleichzeitig aufs Wasser gesetzt, und los geht die Fahrt!

Bachgebrabbel

Wir denken uns lustige und verrückte Bach-Zungenbrecher aus, die alle so schnell wie möglich nachsagen müssen z. B.: Beim blubbernden Bach biegen sich blühende Birkenbäume. Oder: Eine fette Forelle flutscht flott durch die fließenden Fluten. Wem fallen noch mehr lustige Sätze ein?

Bach überqueren

Wir suchen eine flache Stelle am Bach, an der große Steine uns das Überqueren des Baches möglich machen oder an der ein Baumstamm sich quer über den Bach gelegt hat. Falls es eine solche Stelle in der Nähe nicht gibt, können wir gemeinsam ein paar große Steine als Trittsteine ins flache Bachwasser oder ein paar Balken über den Bach legen. Nun überqueren wir gruppenweise den Bach. Erwachsene müssen allein balancieren, neben den Kindern geht immer ein Erwachsener und gibt Hilfestellung.

Bach-Safari

Eine Gruppe geht einen zuvor bestimmten Abschnitt des Baches ab und sucht nach Besonderheiten im Bachbett oder am Ufer. Diesen Plätzen geben wir

geheimnisvolle Namen, die dem besonderen Charakter des Platzes gerecht werden, z. B. „Zwergenhöhle" für eine unterspülte Baumwurzel oder „Kreiseldreher" für einen kleinen Strudel im Wasser. Mit Hilfe der Erwachsenen notieren wir unsere geheimnisvollen Namen. Anschließend müssen die Mitspieler einer anderen Gruppe an Hand unserer Namen und Bezeichnungen die entsprechenden Stellen am Bach ausfindig machen.

Kiesel-Suche

In einem vorher abgegrenzten Bereich werden Kieselsteine im Bachwasser verteilt. Manche sind an der Unterseite mit einem wasserfesten Stift mit Symbolen versehen, z.B. Sonne, Blume, Wolke, Vogel oder Fisch. Wer einen solchen Stein findet, läuft mit ihm zum Spielleiter, der dann der ganzen Gruppe eine Frage oder eine kleine Aufgabe stellt. Solche Fragen können sein: Sing ein Lied, in dem das Wort Bach vorkommt! Oder: Wie nennt man die Stelle, an der ein Bach seinen Anfang nimmt? Die Mannschaft, die innerhalb einer festgelegten Zeit die meisten markierten Steine gesammelt hat, ist Kiesel-Such-Meister.

Zauberhafte Bachwesen

Mit Schminke und verschiedenen Naturmaterialien wie z. B. Farnwedel, Tannenzapfen, Ästen, Stöckchen, Laub schmücken wir uns als Bachnixen, fantasievolle Bachtiere oder Wasserwichtel und wagen gemeinsam ein Tänzchen durchs Wasser oder am Ufer entlang. Dieser gemeinsame Tanz kann den Abschluss unseres Bachfestes bilden.

Pflanzen im Wasser

Erlebnis Wasserwelt

Der Natur nachspüren

Menschen haben schon immer künstliche Wasser-reiche geschaffen, indem sie Garten- oder Wiesen-teiche anlegten. Im und am Wasser finden Pflanzen ideale Lebensbedingungen. Durch das geheimnisvol-le und faszinierende Zusammenspiel von Pflanzen und Tieren, Licht und Dunkelheit, Kälte und Wärme wird aus dem Wasser ein Gewässer, ein lebendiges Biotop.

Ausgerüstet mit Gummistiefeln, wasserdichten Hosen, Becherlupen und Käschern können Kinder die kleinen Wasserwelten an Tümpeln und Teichen mit eigenen Augen, Ohren, Nasen und Händen erle-ben und dabei verschiedene Wasserpflanzen kennen-lernen.

Experiment mit Algen

Wir füllen Gläser mit Wasser unterschiedlicher Her-kunft: eines mit Leitungswasser, eines mit Regen-wasser aus der Regentonne und eines mit Wasser aus einem Teich. Wir lassen die Wassergläser an einem warmen, geschützten Platz ein paar Tage ste-hen und beobachten, ob und in welchen Gläsern sich Algen bilden. Algen sind Pflanzen, die sich wie Pilze und Moose durch Sporen vermehren. Der Wind nimmt diese Sporen mit und verteilt sie in alle Himmelsrichtungen. Fallen sie irgendwo ins Wasser, können dort neue Algen entstehen.

Entengrütze

Diesen lustigen Namen hat die kleine Pflanze erhal-ten, weil die Enten sie so gerne fressen. Eigentlich sind es Wasserlinsen, die einfachsten und kleinsten Blütenpflanzen, die wir in der Natur finden können. Es gibt sie auf fast jedem Teich oder Tümpel, da sie sehr anspruchslos sind. Hohlräume in den Blättchen sorgen dafür, dass die Pflanze auf dem Wasser schwimmen kann. Bei viel Sonnenschein sind die Wasserlinsen mit unzähligen gelben Miniblüten überzogen. In einem Teich, in dem es genügend Entengrütze gibt, dürfen wir etwas abpflücken. Wir legen sie in eine Schüssel voll Wasser und erfahren einmal mit Händen oder Füßen, wie glatt und glit-schig zugleich sie sich anfühlt.

Pflanze mit nassen Füßen – Reis

Reis braucht ein mildes Klima und vor allem viel Wasser, um wachsen und gedeihen zu können. Wir können Reis aber auch in unseren Breiten zum Keimen und Wachsen bringen. Dazu werden einige Körner ungeschälter Naturreis in kleine Blumentöpfe mit einem Gemisch aus Sand und Lehm gegeben. Den Topf stellen wir in einen Eimer oder eine Schüssel und füllen Wasser hinein, das bis zum Rand des Blumentopfes reichen muss. An ein war-mes Plätzchen gestellt und schön nass gehalten, können wir schon bald das Keimen und Wachsen der Reispflänzchen beobachten, die bis zu 70 cm hoch werden können.

Verführerische Blüten

In alter Zeit glaubten die Menschen, die Seerosen mit ihren wunderschönen Blüten wollten sie hinaus aufs Wasser locken. Damals konnte kaum jemand schwimmen. Also ruderte man mit dem Boot hinaus, um die Seerosenblüten zu pflücken. Wer sich dabei zu weit aus dem Boot beugte, fiel ins Wasser, und wenn er unterging, erzählten sich Menschen, Wassergeister hätten den armen Blumenpflücker in die Tiefe gezogen.

Seerosenteppiche

Seerosen bilden mit ihren dicken schwimmenden Blättern auf dem Wasser oft dichte Teppiche, unter denen sich Tiere verstecken, wie z. B. der Frosch, der dort vorbeifliegenden Insekten auflauert. Diese Blätterteppiche sind so stabil, dass sogar kleine Tiere wie Entenküken auf ihnen spazieren gehen können. Die Blätter der Seerose sind mit einer wachsartigen Schicht überzogen, die das Wasser abperlen lässt, damit sie bei anhaltendem Regen nicht überflutet werden.

Aus grünem Papier schneiden wir große Seerosenblätter aus und verteilen sie auf unserer Spielfläche. Auf die Unterseite mancher Blätter malen wir kleine Frösche. Dann kann es losgehen: Wir sind kleine Insekten, die von Blatt zu Blatt fliegen, bis ein Quaken oder ein anderes Signal ertönt. Wir bleiben stehen und schauen schnell unter unser Blatt, ob dort der Frosch lauert. Wer ihn erwischt hat, muss ausscheiden. Sieger ist, wer am längsten den gefräßigen Fröschen entkommen kann.

Kleine Zierteiche drinnen und draußen

Wir suchen Gefäße in verschiedenen Größen zusammen, in denen wir Zierteiche anlegen können, beispielsweise Glasschüsseln, alte Suppenteller und Terrinen, Zinkwannen oder tiefe Pflanzenuntersetzer. Die Gefäße füllen wir mit Wasser und setzen kleine Pflanzen hinein, z. B. Feenmoos, Wasserlinsen. Wir sammeln Steine, Murmeln, kleine Tiere aus Ton oder Spielzeug, die unsere Teiche schmücken können. Die kleinen Zierteiche können wir auch in eine Mulde im Beet oder der Wiese setzen und beim Schmücken die Umgebung miteinbeziehen. Einzelne Garten- und Wiesenblüten oder Schwimmkerzen können unsere Teiche noch verschönern.

Lustiges Treiben
in Tümpeln und Teichen

Tiere im
und am Wasser

Kaulquappen aus Ton

Die Kinder formen aus wasserfester Knete oder aus Ton kleine Kaulquappen, einen Kopf mit Schwanz. Die Kaulquappen aus Ton können im Backofen erhitzt und so gehärtet werden. Jedes Kind darf eine Kaulquappe in einen kleinen, durchsichtigen Luftballon stecken, den wir nur ganz wenig aufpusten und verknoten. Wenn viele Luftballons mit Kaulquappen in einer großen Zinkwanne mit Wasser gefüllt schwimmen, sieht das aus wie Froschlaich im Teich.

Feuchte Biotope

Bäche, Tümpel und Weiher entstehen, wenn Grundwasser einen Weg nach oben findet und sich sammelt. Tümpel sind meist dicht mit Wasserpflanzen bewachsene Lebensräume für viele kleine Wassertiere. Wenn ein Tümpel sehr groß ist, nennen wir ihn Weiher. Von den Ufern dieser Wasserparadiese aus lassen sich wunderbare Beobachtungen vom Leben der dort lebenden Tiere machen. Es schwimmen, krabbeln, fliegen, flirren und schwirren die interessantesten Insekten wie Libellen, Wasserläufer oder Rückenschwimmer umher. Das Leben von Fröschen, Molchen, Kröten spielt sich im und über dem Wasser auf Ästen und Blättern ab. Vielleicht entdecken wir sogar kleine Kaulquappen, die während ihrer Kinderzeit im Wasser leben und erst nach ihrer Umwandlung zum Frosch teilweise ein Landleben führen.

Frosch-Hüpfspiel

Auf Karton oder grünen Plakatkarton werden große Froschfüße aufgemalt und ausgeschnitten. Diese Froschfüße befestigen wir mit Gummiband oder doppelseitigem Klebeband unter unseren Schuhen oder Socken und versuchen, mit ihnen zu laufen. Mit Straßenmalkreide malen wir grüne Seerosenblätter auf den Asphalt und versehen sie mit Zahlen. Jeder Frosch versucht, mit seinen Froschfüßen in der richtigen Reihenfolge auf die Blätter zu springen. Wer daneben springt, fällt ins Wasser und muss wieder von vorn beginnen. Wir können für unser Frosch-Hüpfspiel auch Taucherflossen nehmen.

Rätsel

Wer watschelt dort im Ufergras
und hat beim Baden großen Spaß?

Ente

Er hockt auf einem grünen Blatt,
er frisst sich an den Mücken satt.
Ruft laut im Chor: „krroak, krroak",
im Springen ist er meisterstark.

Frosch

Ein lurchiger Geselle hockt auf einem Stein,
mit schwarz-gelb geflecktem Schwanz und Bein.
Sein Name klingt gefährlich heiß,
nun weißt du sicher, wie er heißt?

Feuersalamander

Von der Kaulquappe zum Frosch

Die Froschweibchen gehen zur Eiablage ins
Wasser und legen bis zu 1500 Eier in
Laichklumpen ab. Nach 5 bis 8 Tagen schlüpfen
die Larven, aus denen sich Kaulquappen mit
Kopf und Schwanzflossen entwickeln. Sie atmen
im Wasser durch ihre Kiemen. Zuerst wachsen
den Kaulquappen die hinteren Beine, dann die
Vorderbeine, der Schwanz verkürzt sich, bis er
verschwindet. Wenn die Lungen gewachsen sind
und der Frosch grün geworden ist, geht er an
Land. Seine Verwandlung ist nun abgeschlossen.
Sie hat insgesamt 2 bis 3 Monate gedauert.

Kröten-Olympiade

Erdkrötenpaare legen zusammen oft weite Wande-
rungen zum Laichgewässer zurück, wobei die etwas
größeren Weibchen die Männchen einen großen Teil
des Weges auf dem Rücken zum Wasser tragen.
Wir können mit den Kindern eine Kröten-Olympia-
de im Freien auf einer Wiese spielen. Dazu bauen
wir mehrere Stationen auf, an denen zwei Kinder-
mannschaften miteinander um das Krötengold wett-
eifern. Zunächst wird jeweils ein kleineres Kind von
einem größeren Kind auf dem Rücken huckepack
getragen. Dann fädeln die Kinder Perlen auf eine
festgelegte Anzahl Fäden und transportieren diese
Perlenketten hüpfend zu einem Miniteich. Unser
Miniteich ist eine Schüssel mit Wasser, über die wir
eine Schnur gespannt haben. Auf diese Schnur werden die Perlenketten mit einer Wäscheklammer
gehängt. Die Perlen sollen dabei in der Wasserschüs-
sel baumeln wie die Laichschnüre der Kröten im
Tümpel. Die Mannschaft, bei der zuerst alle Perlenketten im Wasser baumeln, bekommen das Krötengold in Form einer goldfarbenen Medaille.
Natürlich gibt es auch Krötensilber für die zweite
Mannschaft.

Libellen

Einen kleinen, geraden Ast umwickeln wir im obe-
ren Drittel mit Bindedraht, formen dann aus dem
Draht zwei schmale Flügel, die durch mehrmaliges
Umwickeln am Ast fixiert werden. Den Hinterleib
der Libelle können wir mit Farbe bunt anmalen, die
Flügel mit Transparentpapier bekleben. An dünnen
Nylonfäden befestigt, können die Libellen über
einer Mini-Teichlandschaft oder als Mobile an der
Zimmerdecke schweben.

Tief unten im Teich

Von Wassermännern, Nixen und anderen Wesen

An den Ufern von Tümpeln und Teichen treffen verschiedene Welten aufeinander, denn Land, Luft und Wasser gehen hier eine Verbindung miteinander ein. Diese Grenzgebiete beflügelten schon immer die Fantasie der Menschen. In zahlreichen Märchen und Sagen leben Wassernixen und Götter, Fabelwesen und Wassermänner an den Ufern und in den Tiefen der Gewässer. Sie sind voller Geheimnisse und verstehen die Sprache der Tiere oder treiben ihren Schabernack mit den Menschen.

Wasilius, der kleine Wassermann

Auf dem Grunde des Wiesenweihers lebte in einem winzig kleinen Haus der Wassermann Wasilius. Seine Haare waren sehr strubbelig und leuchteten in einem kräftigen Teichgrün. Sein Körper war mit unzähligen Schuppen in den wunderbarsten Farben bedeckt; sie leuchteten türkis, dunkelblau, grün und silbern. Aus seinem Gesicht schauten zwei wache, blaugrüne Augen über einer lustigen Knubbelnase vergnügt in die Unterwasserwelt. Das Wassermannhaus war gemütlich eingerichtet mit Möbeln aus Teichschlamm und Steinen, einem kuscheligen Algenbett und vielen kleinen Schätzen, die Wasilius bei seinen Ausflügen im Weiher gefunden hatte. Die Teichbewohner mochten den kleinen Kerl. Mit den Stichlingen schwamm er um die Wette, die Wasserschnecken kamen oft vorbei, um ein Tässchen Sumpftee mit ihm zu trinken, und mit

den Fröschen spielte er auf den festen Blättern der Seerosen Fangen.

Doch als im Frühling die Frösche mit lautem Gequake auf Brautschau gingen und die Enten am Rande des Weihers mit dem Nestbau begannen, wurde Wasilius auf einmal sehr traurig. „Ich hätte auch gerne eine Frau!", seufzte Wasilius. „Doch in allen Weihern und Teichen weit und breit ist noch nie eine Wassermannsfrau gesehen worden."

Quaks, der Frosch, hörte geduldig zu und konnte gut verstehen, dass der Wassermann sich manchmal einsam fühlte. Doch er wusste keinen Rat.

Einige Wochen vergingen. Im Weiher wimmelte es von munteren Kaulquappen und an den Ufern machten flauschige Entenküken ihre ersten Schwimmversuche. An einem sonnigen Vormittag tönte auf einmal aufgeregtes Geschnatter und Gequake über den Weiher. Benni, das kleine Küken des Teichhuhns, hatte bei einem Ausflug zwischen den Seerosenblättern jemanden singen hören. Das war am Wiesenweiher noch nie vorgekommen!

Voller Spannung machten sich die Tiere und auch Wasilius auf den Weg, um das Geheimnis des Gesangs zu erforschen. Und tatsächlich, in einer halb geöffneten Seerosenblüte entdeckten sie ein ganz sonderbares Wesen. Es war sehr klein und hatte lange, blaue Haare, die von silbrigen Fäden durchzogen waren. Seine Augen waren blau wie der Frühlingshimmel über dem Teich und sein Körper

war mit Glitzerschuppen bedeckt, die in allen Regenbogenfarben schillerten. Statt Beinen hatte das merkwürdige Wesen einen fischähnlichen Schwanz, der lustig im Takt seines Liedes hin- und herwippte. Wasilius war sprachlos und auch die anderen Tiere konnten vor Staunen zunächst nichts sagen.

wurde, habe ich mich natürlich sehr gewundert. Doch es gefällt mir hier." Inzwischen hatten sich alle Tiere um Ninofee geschart und starrten sie an. „Hast du Lust, ein wenig bei uns zu bleiben?", fragte Wasilius. „Ich könnte dir alle schönen Plätze hier zeigen, und wenn du magst, kannst du mich in meinem Haus am Grund des Weihers besuchen." „Sehr gern!", antwortete Ninofee, hüpfte vergnügt aus der Seerosenblüte, reichte Wasilius ihre kleine Hand und gemeinsam schwammen sie los. Der kleine Wassermann war glücklich. Vielleicht ging sein sehnlichster Wunsch ja nun doch noch in Erfüllung!

Schließlich begann Wasilius doch zu reden und fragte stotternd: „We-wer bist du und wo kommst du her?" „Hallo!", sagte das kleine Wesen freundlich. „Ich bin Ninofee, die Nixe. In der Nacht bin ich wohl versehentlich hier gelandet. Ich hatte mich im Gefieder eines Fischreihers versteckt, denn ich wollte etwas von der Welt sehen. Doch ich glaube, ich bin eingeschlafen, und weil ich mich nicht mehr an seinen Federn halten konnte, bin ich hier in diese Seerose geplumpst. Als ich heute morgen wach

Viele Jahre sind inzwischen vergangen. Im kleinen Wassermannshaus auf dem Grunde des Wiesenteichs leben Ninofee und Wasilius froh und vergnügt. Um sie herum schwimmen und spielen drei wunderschöne Wassermannsnixenkinder. Und wenn ihr einmal an den Wiesenteich kommt und ganz aufmerksam lauscht, vielleicht könnt ihr sie ja dann gemeinsam singen hören!

Annemarie Stollenwerk

6 Mit Feuer den Frühling empfangen

Den Winter austreiben

Mit Freude und Sehnsucht erwarten die Menschen den Frühling, heute wie in früheren Zeiten. Das Feuer spielte beim Winteraustreiben eine zentrale Rolle; er wurde symbolisch verbrannt. Dazu wurden Reisighügel aufgeschichtet, auf deren Spitze eine Strohpuppe, die den Winter darstellte, befestigt war.

Beim Fruchtbarkeitserwecken liefen die Menschen mit brennenden Fackeln über die Felder, um die Saaten zu wecken. Auf den Feldern wurden Fackelwettrennen und Fackelschwingen veranstaltet. Auch brennende Sonnenräder, mit Stroh umwickelte Holzräder, wurden von den Hügeln über die noch kahlen Felder gerollt, um die Sonne anzulocken. Der erste Sonntag in der Fastenzeit hieß auch Funkensonntag; ihm wurde ein traditionelles Feuer gewidmet. Heute entzünden wir noch überall das Osterfeuer als Zeichen für Licht, Wärme und Leben.

Osterkerzen

Weiße Stumpenkerzen verwandeln wir mit Seidenpapier, Draht und Tonpapier oder mit echten Blütenköpfen zu blühenden Frühlingslichtern. Dazu setzen wir die Kerze auf ein Stück grünes Seidenpapier und wickeln es mit Draht an der Kerze fest. Ein längeres Drahtstück lassen wir überstehen und rollen es zu einer Schnecke auf. In diese Drahtschnecke stecken wir aus Tonpapier geschnittene Blütenblätter oder echte Blütenköpfe.

Sonnenlichter

Kleine Tontöpfe bemalen wir von innen und am oberen Rand mit gelber Farbe. Aus gelbem Transparentpapier schneiden oder reißen wir Quadrate, die wir mit der Spitze nach oben um den Tontopf herum mit Kleister ankleben. Die Spitzen müssen

64

über den Rand des Topfes hinausragen. Sie stellen die Blütenblätter dar. Nach dem Trocknen des Kleisters können wir sie etwas in Form schneiden. Auch das Loch des Tontopfes überkleben wir mit Transparentpapier. Zum Schluss füllen wir den Tontopf zur Hälfte mit Sand oder mit kleinen Steinchen und stellen ein Teelicht hinein. Andere Tontöpfe bekleben wir auf die gleiche Weise mit gelbem Transparentpapier, füllen sie aber mit Moos, auf das wir eine gelb blühende Frühlingsblume legen.

Die Sonne spiegeln

Jedes Kind bekommt einen Handspiegel und darf versuchen, damit die Sonne zu fangen und die Sonnenstrahlen auf eine Wand oder den Boden reflektieren zu lassen. Immer abwechselnd dürfen die Kinder mit Kreide eine Sonne auf den Boden oder eine Hauswand malen, und alle versuchen gemeinsam, die gemalte Sonne mit echten Sonnenstrahlen zu füllen. Aber Vorsicht! Die Sonnenstrahlen dürfen niemals in die Augen gerichtet werden und die Kinder sollten nicht unbeaufsichtigt Sonnenspiele mit Gläsern oder Lupen spielen.

Tschiki fängt die Sonne

Tschikapis, wir nennen ihn Tschiki, war neugierig auf den Himmel. Er kletterte auf einen Buchenbaum im Zauberwald und wünschte sich an den Himmel. Tschiki kannte das Zauberwort des Zauberwaldes, mit dem alles gelingt. So wurde sein Wunsch wahr und der Buchenbaum wuchs unverzüglich bis in den Himmel hinein. Tschiki stieg ab, schaute sich um und gelangte auf einen Weg, der wunderbar gelb roch: „Irgendwie zitronig", dachte Tschiki. Da sahen seine Augen plötzlich etwas Wunderschönes. Die

Sonne ging diesen Himmelsweg in westlicher Richtung. Sie strahlte mit ihrem Strahlenkranz und beachtete Tschiki mit keinem Sonnenstrahl. Tschiki war es nicht gewohnt, dass man ihn nicht beachtete, und so legte er sich am nächsten Tag an der gleichen Stelle auf die Lauer. Die Sonne nahm den Himmelsweg wie üblich in westlicher Richtung und sagte streng: „Geh mir aus dem Weg!" Tschiki antwortete schnippisch: „Dann steig doch über mich!"

Die Sonne ärgerte sich über Tschiki, der wohl nichts anderes zu tun hatte, als den täglichen Sonnenlauf zu stören, und so stieg sie in aller Eile über Tschiki hinweg, der sich darin sonnte, der Sonne einen Streich gespielt zu haben. Aber leider berührte die Sonne mit einem Sonnenstrahl Tschikis Fellkleid, das zu brennen begann. Tschiki schrie erschrocken auf. Am nächsten Tag legte er eine Schlinge, um die Sonne zu fangen. Er wollte ihr das verbrannte Fell zeigen und ihr eine Entschuldigung entlocken. Und es geschah, wie es Tschiki geplant hatte. Die Sonne übersah die Schlinge auf dem Himmelsweg und stolperte mitten hinein. All ihre Mühe, sich zu befreien, nutzte nichts. Sie tobte wie wild, warf zornige Sonnenblitze und das erste Mal in ihrem Sonnenleben schickte sie den dunkelsten Schatten, den ihr euch denken könnt. Tschiki spürte, dass er es zu arg getrieben hatte, und holte die Spitzmaus zu Hilfe. Sie brauchte einige Stunden, um die Schlinge aufzuknabbern und die Sonne zu befreien. Tschiki verließ ein wenig beschämt den Himmelsweg und kehrte auf die Erde zurück. Seit diesem Tag schickt die Sonne immer an der gleichen Stelle, kurz hinter dem Westen, einen riesengroßen Schatten, den die Menschen Nacht nennen.

(nach einem indianischen Märchen erzählt von Regina Bestle-Körfer)

65

Im Osten geht die Sonne auf

Symbol des Lebens

Sonnensymbole

 Den Hopi-Indianern gilt der Skunk, das Stinktier, als Sonnensymbol, weil sein Gestank so durchdringend ist wie die Sonnenstrahlen, die Menschen, Tieren und Pflanzen Leben geben. Die Zeichnung auf dem Rücken des Skunks nennen die Hopi Sonnenschild.

 Im christlichen Kulturkreis sah man die Löwenzahnblume lange als Sonnensymbol, weil man in ihrer Blüte, die sich nur bei Sonnenschein öffnet, den Widerschein der Sonne erblickte. Der Löwenzahn hatte verschiedene Namen und wurde „Lichtblume", „Sonnenwirbel" und „Sonnenkraut" genannt.

Der Lauf der Sonne

Im Osten geht die Sonne auf,
nach Süden nimmt sie ihren Lauf,
im Westen wird sie untergehn,
im Norden ist sie nie zu sehn.

Sonne aufwecken

An manchen Orten zählt das Sonneaufwecken im Frühling noch zum lebendigen Brauchtum. Familien ziehen mit ihren Kindern und Freunden am frühen Morgen vor Sonnenaufgang an eine Stelle, von der sie den Aufgang der Sonne im Osten gut beobachten können. Das Farbenspiel der Sonne in ihren rot-rosa-orange-goldenen Tönen beim Erscheinen am Horizont ist ein unvergessliches Erlebnis.

Sonnenmandalas

Aus gelbem Tonpapier – oder für kleinere Kinder besser aus dünnem Faltpapier – können wir Rundformen in verschiedenen Größen ausschneiden und diese dreimal falten. In das entstandene Segment schneiden wir an den beiden geraden Rändern kleine Ecken oder Kerben hinein, am oberen, runden Rand gleichmäßige Zacken. Wenn wir das Tonpapier öffnen, erhalten wir ein rundes, gelöchertes Sonnenmuster, das wir mit gelbem Transparentpapier hinterkleben und ans Fenster hängen. Die Sonne bringt unsere Sonnenmandalas nun richtig zum Strahlen und Leuchten.

66

Sonnenräder

Wir sammeln auf einer Frühlingswiese gelbe Blütenblätter und pressen sie in einem Buch. Dann nehmen wir den Ring einer Käseschachtel und überkleben die kreisrunde Öffnung auf beiden Seiten mit durchsichtigem Transparentpapier. Den Außenrand der Käseschachtel können wir mit gelbem Tonpapier bekleben oder mit gelber Farbe bemalen. Die beiden Transparentpapier-

seiten unserer Käseschachtel werden nun mit den gepressten Blütenblättern zu einer Sonne gestaltet. Von innen nach außen werden die Blütenblätter ringweise aufgeklebt. Wir können unser so entstandenes Sonnenrad als Schmuck ins Fenster hängen oder von einer Schräge herunterrollen lassen.

Eine Sonne säen

Wir säen mit den Kindern Sonnenblumenkerne in Form einer Sonne mit spitzen Strahlen in ein Beet. Wir beobachten, wie aus den Kernen zunächst kleine Pflänzchen wachsen. Später im Sommer werden die Sonnenblumen im Sonnenmuster erblühen. Wir können auch niedrig wachsende gelbe Blumen als Sonnenmuster säen. Das Sonnenmuster bleibt dann besser zu erkennen.

Sonnenaufgang

Die Kinder spielen einen Sonnenaufgang als darstellendes Spiel mit farbigen Tüchern. In der Kreismitte kauern ein paar Kinder mit gelben Tüchern. Um sie herum haben sich Kinder mit orangfarbenen und roten Tüchern versammelt. Diese Sonnenkinder schlafen noch. Andere Kinder spielen die Nacht mit dunkelblauen Tüchern. Die Nachtkinder laufen mit ihren wehenden blauen Tüchern um die schlafenden Sonnenkinder herum.

Dann erwacht die Sonne ganz langsam. Ein Kind steht mit seinem roten Tuch auf und läuft mit diesem ersten Sonnenstrahl durch den Raum. Immer mehr Kinder mit roten, orangefarbenen und schließlich gelben Tücher kommen langsam hinzu, während sich die Kinder mit den blauen Tüchern eins ums andere niederkauern. Schließlich ist die Sonne aufgegangen, alle Kinder kauern am Boden und nur noch die gelben Tücher flattern durch den Raum.

67

Rund ums lodernde Feuer

Hexenzauber

Das Hexenbild

Diese Hexe gibt es nur im Märchen: eine runzlige Alte mit Buckel, Warzennase, schwarzer Katze auf der Schulter, abgrundtief böse wie im Märchen von Hänsel und Gretel. In unser heutiges Hexenbild mischen sich Bilder und Hexenfiguren aus den Kinder- und Märchengeschichten vergangener Tage, aus dem Wissen um die grausame Wirklichkeit der Hexenverfolgung des Mittelalters und aus den Hexenmädchen der aktuellen Kinderbuchszene. Eines aber haben alle gemeinsam: die Neigung zum Übersinnlichen und die Fähigkeit des Hexens und Zauberns. Der klassische Besen, auf dem sie durch die Nacht reiten, ist ein Sinnbild für ihre Fähigkeit, durch wilden Tanz und Musik sinnliche, die Sinne berauschende Körpererlebnisse zu erzeugen. Gemeint ist damit die Fähigkeit, sich über den Alltag märchenhaft hinweg zu hexen in einen Zustand der Begeisterung und Lebensfreude. Der Tanz auf dem Blocksberg in der Walpurgisnacht, der Ritt über das Element Feuer sind symbolische Bilder der Bewegung, mit der die Hexen in Gemeinschaft ihre Lebensenergie teilen.

Hexenbesen

Was wäre die Hexe ohne ihren Hexenbesen! Aus einem halbwegs geraden Stock und Reisig, das wir draußen vom Boden aufgesammelt haben, binden wir kleine oder große Hexenbesen. Dazu wickeln wir das Reisigbündel mit Hilfe von Bindedraht fest um den Stock und fixieren es zusätzlich mit Klebeband, damit bei wilden Hexenspielereien nichts verlorengeht.

Stunde der Verwandlung

Wir stellen einen großen Spiegel bereit und verschiedene Schmink- und Verkleidungsutensilien (Tücher, Hüte, Stoffe, Perücken etc.). Nach Herzenslust können wir uns hier verkleiden und schmücken. Wir schminken uns gegenseitig und probieren verrückte Hexenfrisuren aus.

Magische Zeichen

Wir suchen im Wald, auf der Wiese oder im Garten nach geheimnisvollen Gegenständen, die einen bestimmten Zauber in sich zu tragen scheinen: Besonders geformte Steine und Wurzelstücke, Federn, Schneckenhäuser, Zapfen etc. Wir wählen unseren Lieblingsgegenstand aus, befestigen ihn an einer Schnur oder einem Lederband und hängen ihn uns um den Hals. Wer mag, kann sich anhand des magischen Zeichens auch einen besonderen Hexennamen ausdenken, z. B. Hexe Feuerschnecke oder Hexe Wurzelnase.

Hexensprung

Wir legen unsere selbst gemachten Besen so auf den Boden, dass die Stiele in der Mitte zusammenstoßen und eine Art Stern entsteht. Ein Kind ist die Ober-

hexe und darf bestimmen, wie alle anderen über die Besenstiele springen sollen: mit beiden Füßen, auf einem Bein, im Hürdenlauf, rückwärts auf einem Bein, seitwärts, im Entengang, aus der Hocke wie eine Kröte usw. Nach einiger Zeit wird gewechselt und eine neue Oberhexe bestimmt den Hexensprung.

Besengewedel

Alle Hexen stehen in einer Reihe mit genügend Abstand nebeneinander. Jede Hexe hat ein sehr leichtes Tuch oder ein Stück Seidenpapier vor sich auf dem Boden liegen. Auf ein Zeichen hin wird mit dem Besen so schnell es geht gewedelt. Wer schafft es, das Tuch oder Papier innerhalb von zwei Minuten am weitesten zu wedeln? Am besten funktioniert dieses Spiel auf glattem Asphalt!

Hexenzauber

Zaubersprüche kennen und sie auswendig aufsagen, ohne das Hexenbuch zu Hilfe nehmen zu müssen, das ist echte Hexenkunst. Wir denken uns lustige oder schaurig-schöne Hexensprüche aus und sprechen sie gemeinsam im Chor, z. B.:

 Krötenbein und Rattendreck, feuerrote Wanzen, glühendheißer Mäusespeck, tausend Runden tanzen!

 Dickes Hinkel-Hühnerbein, fettes, schwarzes Warzenschwein, Zebrastreifenziege, aus dir wird eine Fliege!

 Hokuspokus, blauer Krokus, Frühlingsmorgenröte, werde eine Kröte!

Feuerbilder, mit dem Besen gemalt

Aus kleinen Stöcken und etwas Reisig binden wir uns kleine Besen. Auf dem Boden breiten wir Tapetenbahnen oder Packpapier aus und stellen Schüsselchen mit den Feuerfarben rot, gelb, orange und violett bereit. Mit den kleinen Besen, die wir als Pinsel benutzen, zaubern wir feurige Muster aufs Papier. Wir können streichen, tupfen, schmieren und klecksen, das Feuer kann ruhig und gemütlich oder wild und ungestüm aussehen. Auf diese Weise entstehen eindrucksvolle Bilder, die unser feuriges Hexenleben widerspiegeln. Wir können einzelne Bilder malen oder gemeinsam ein großes Feuertransparent entstehen lassen.

Walpurgisnacht

Hexen feiern ihr Feuerfest

Die Walpurgisnacht-Feuerstelle

Eine Feuerstelle lässt sich überall dort errichten, wo wir ausreichend Abstand zu Häusern, Bäumen und Sträuchern einhalten. Im Wald, in Parks oder öffentlichen Grünanlagen müssen wir immer eine Erlaubnis zum Feuermachen einholen. Zum Sichern oder Befestigen der Feuerstelle ordnen wir dicke Steine kreisförmig an, graben ein kleines Loch ins Erdreich oder benutzen eine Blechwanne oder einen Grill. Egal welche Form der Feuerstelle wir wählen, immer sollte ein Eimer Wasser zum Löschen der Flammen in greifbarer Nähe stehen!

Zerknülltes Zeitungspapier, trockenes Reisig, Ästchen und zum Schluss ein paar Holzscheite werden locker aufgeschichtet und entzündet. Das Feuermachen ist Sache der Erwachsenen, unter deren Anleitung die Hexenkinder das eine oder andere Holzscheit nachlegen dürfen.

Ein altgermanisches Fest

Der Ursprungsgedanke der Walpurgisnacht liegt wahrscheinlich in der Freude darüber begründet, endgültig Abschied vom Winter zu nehmen und den Frühling in einem ausgelassenen Fest zu feiern. Nach altem germanischem Volksglauben vermählen sich in der Walpurgisnacht Altvater Wodan und Freya, sie vertreiben die Macht der Winterdämonen und zeugen den Frühling. Im Hochzeitsgefolge der beiden sahen die Germanen Götter und Helden, gütige Frauen – so wurden die Hexen bezeichnet –, sowie Feen und Elfen versammelt.

Hexentanzlied

Gemeinsam singen wir das Hexenlied und tanzen dabei ums Feuer. Wir probieren verschiedene Sprünge aus, drehen uns im Kreis, tanzen mal langsam, mal schnell, jagen hintereinander her, schwingen dabei die Besen, reiten auf ihnen oder bewegen sie über unseren Köpfen hin und her. Das ausgelassene Tanzen ums Feuer können wir auch mit lautem Geschrei oder wildem Geklapper von Rasseln, Schellen und Glocken begleiten, denn schließlich wird in der Walpurgisnacht der Winter endgültig vertrieben!

Hallo Hexen, aufgewacht!

Text: Annemarie Stollenwerk
Melodie: Thomas Pauschert

Refrain:

Hal - lo, He - xen, auf - ge - wacht, heu - te ist Wal - pur - gis - nacht!

Rund um's Feu - er tan - zen, sprin - gen, schau - rig schö - ne Lie - der sin - gen.

1. Auf dem Blocks - berg ist was los, hun - dert He - xen klein und groß
2. Und mit we - hen - dem Ge - wand, ih - ren Be - sen in der Hand,
3. Und das Feu - er lo - dert hel - ler, und die He - xen tan - zen schneller.
4. Wenn beim Tan - zen Lie - der klin - gen, He - xen Zau - ber - sprü - che sin - gen

ha - ben die - sen Ruf ver - nommen, sind von nah und fern ge - kommen.
las - sen sie die Fun - ken sprüh'n, die im Ster - nen - dun - kel glüh'n.
Von dem ro - ten Feu - er - schein müs - sen sie ver - zau - bert sein.
bis ein neu - er Tag er - wacht, dann ist wohl Wal - pur - gis - nacht.

Feuer und Flamme

Ein einziger Funke genügt, um ein Feuer zu entzünden, so heißt es. Wir vereinbaren eine Start- und eine Ziellinie. Am Ziel legen wir einige Holzstücke bereit. Zwei Mannschaften versuchen nun im Wettstreit mit Hilfe ihrer Hexenbesen rote Stoff- oder Seidenpapierstücke – die Funken – zum Feuer zu bringen. Dazu klemmen immer zwei Kinder den Stoff zwischen ihren Besen fest. Welche Mannschaft hat zuerst alle Funken zum Holzstapel getragen?

Kohlen aus dem Feuer

In der Kreismitte sitzt ein Kind als Kohlenhexe. Ihre Aufgabe ist es, die „glühenden Kohlen" zu bewachen, damit das Feuer nicht ausgeht. Dazu legen wir um sie herum einen Kreis aus Grillkohlen. Die Kohlenhexe schließt die Augen und ein Kind wird ausgewählt, das sich leise heranschleicht und versucht, der Kohlenhexe mit einer Grillzange heimlich und leise ein Kohlenstück wegzunehmen. Wird es beim Stehlen erwischt und kann die Kohlenhexe es am Arm packen, bekommt es einen kleinen Kohlenstrich ins Gesicht und wird die nächste Kohlenhexe.

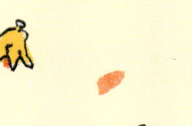

71

Die Autorinnen

Annemarie Stollenwerk studierte Sozialpädagogik
und war zunächst in der Heimerziehung und später
im sozialen Brennpunkt tätig.
Seit zehn Jahren arbeitet sie als Autorin
und Redakteurin.

Regina Bestle-Körfer studierte Sozialpädagogik
und arbeitete in einer Frühförderstelle und danach
in einer schulpsychologischen Beratungsstelle.
Seit zehn Jahren ist sie als Autorin und
Redakteurin tätig.

Nach einer turbulenten Zeit danken wir unseren
Familien, dem Christophorus-Verlag – insbesondere
Christiane Schoppmann – und unserem Lektor
Martin Stiefenhofer für ihre Unterstützung bei der
Entstehung dieses Buches!

© 2001 Christophorus-Verlag GmbH, Freiburg im Breisgau
Alle Rechte vorbehalten
Printed in Belgium

ISBN 3-419-52912-0

Lektorat: Martin Stiefenhofer
Fotos: S. 4, 31, 66 Heidi Velten; S. 10, 17, 22, 24, 28,
35, 40, 45, 46, 48, 52, 54, 56, 59, 60, 64, 70 Ulrich Niehoff;
S. 12, 14 Gertie Burbeck; S. 32 Regina Bestle-Körfer;
S. 6 R.M.E. Liana Tuchel

Illustrationen: Pia Eisenbarth
Umschlaggestaltung: Network!, München
Produktion: HellaDesign, Freiburg
Druck: Proost, Turnhout

Hier zeigen wir Ihnen eine Auswahl unserer beliebten und erfolgreichen Bücher –
und wir haben noch viele andere im Programm.
Wir informieren Sie gerne, fordern Sie einfach unsere Themenprospekte an:

Bücher für Eltern und Kinder

Basteln, Spielen und Lernen mit Kindern

Bücher für Ihre Hobbys

Wir sind für Sie da, wenn Sie Fragen
haben. Und wir interessieren uns
für Ihre eigenen Ideen und Anregungen.
Faxen Sie, schreiben Sie oder rufen Sie
uns an. Wir hören gerne von Ihnen.

Ihr Christophorus-Verlag

Hermann-Herder-Straße 4
79104 Freiburg im Breisgau
Telefon: 07 61 / 27 17–26 8
oder
Fax: 07 61 / 27 17–35 2